Música de Cena

COLEÇÃO SIGNOS/MÚSICA

DIRIGIDA POR
livio tragtenberg
gilberto mendes
augusto de campos
lauro machado coelho

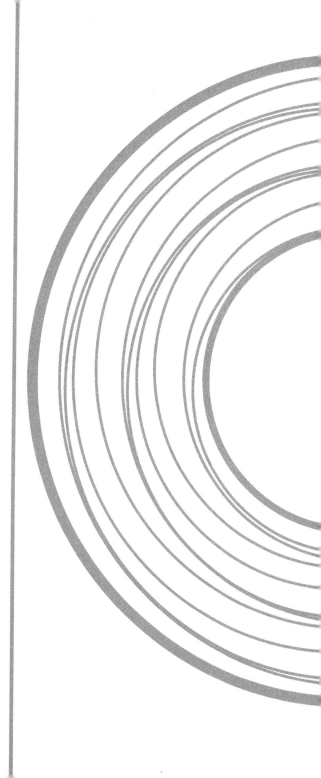

SUPERVISÃO EDITORIAL
j. guinsburg

REVISÃO DE PROVAS
priscila ursula dos santos

PROJETO GRÁFICO
lúcio gomes machado

PRODUÇÃO
ricardo w. neves, sergio kon e
raquel abranches

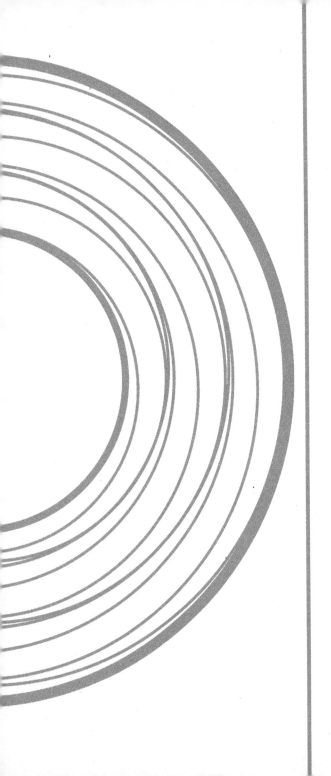

MÚSICA DE CENA
dramaturgia sonora

LIVIO TRAGTENBERG

Dados Internacionais de Catalogação na Publicação (CIP)
(Câmara Brasileira do Livro, SP, Brasil)

Tragtenberg, Livio, 1961-
    Música de cena: dramaturgia sonora / Livio Tragtenberg. – São Paulo: Perspectiva: 2008 – (Signos música; 6)

    Bibliografia.
    1ªreimpr. da 1ªed. de 1999
    ISBN 978-85-273-0191-5

    1. Música de cena I. Título. II. Série.

99/1967   CDD-781.552

Índices para catálogo sistemático:
    1. Dramaturgia sonora : 781.552
    2. Música de cena: 781.552

1ª edição – 1ª reimpressão

Direitos reservados à

EDITORA PERSPECTIVA LTDA.

Al. Santos, 1909, cj. 22
01419-100 São Paulo SP Brasil
Tel.: (11) 3885-8388

2024

A Maurício Tragtenberg,
na memória

Sumário

ENSAIO GERAL 11

    Primeiro Sinal 21

    Segundo Sinal 34

    Terceiro Sinal 38

ATO I 43

    Sobre a Concepção da Música de Cena 45

    Sobre Tempo, Velocidade e Continuidade entre Som e Cena 51

    Da Continuidade 67

    Sobre a Formatação da Composição Sonora 71

ATO II 87

    Sobre o Uso como Representação do Som 89

    Canção e Personagem 114

    Citação e Situação 117

    Da Estilização 121

ATO III 129

    Sobre o Músico e o Espaço Cênico... 131

    Sobre o Ruído: Sons Reconhecíveis e Irreconhecíveis...................... 133

    Sobre a Personagem/Som 140

    Sobre o Instrumento-Adereço 146

    Sobre a Sonorização.. 148

    Sobre a Intervenção Sonora em Cena.. 156

ATO IV 159

    Considerações Práticas de Realização 161

    Intermezzo 166

    Última Cortina 169

ROTEIRO E CRÉDITOS DOS EXEMPLOS MUSICAIS 172

ENSAIO GERAL

*A arte teatral deve ser o lugar primordial da destruição
da imitação: mais que qualquer outra, ela é marcada por
um trabalho de representação total onde a afirmação da
vida se deixa desdobrar e surcar pela negação.*

JACQUES DERRIDA

No universo da música de teatro, dança e cinema, enfim, da chamada trilha sonora, existe uma máxima que é aceita como lei, mas que é raramente compreendida em todos os seus significados: *a boa trilha sonora é aquela que não se percebe.*

Será? Sim e não.

Esta afirmativa se apoia principalmente num conceito de *eficiência* na criação de um ambiente sonoro que responda e emoldure – da forma mais efetiva possível – as situações cênicas e imagéticas. Tornar o fenômeno sonoro imperceptível, ou ainda, invisível ao espectador é o objetivo principal de uma das tendências na criação da música de cena e de cinema, que objetiva com isso uma concentração da atenção do espectador na narrativa cênica, verbal ou visual, para estabelecer um maior controle no desenrolar do fluxo narrativo. A esse respeito observa o cineasta e realizador Alberto Cavalcanti: "muitas vezes quando a música começa, sente-se o maestro aparecendo com a batuta na mão. Isso é tão ridículo numa cena dramática que, francamente, tem-se vontade de mandar a música e o músico para o diabo que os carregue"[1].

Mas essa desejada "neutralidade", na maioria das vezes, é resultante de um filtro estreito na incorporação do som na textura e na narrativa geral, que

---

1. *Filme e Realidade*, São Paulo: Martins, 1959, p. 158. Citando ainda o compositor Jean Wiener, Cavalcanti acrescenta que "o compositor deve considerar o filme como um todo que, de maneira alguma, deve ser transformado, mas, ao contrário, deve ajudar o público a engorgitá-lo; a humildade deve ser, portanto, a principal virtude do músico de cinema" (p. 158). Ao longo de *Filme e Realidade*, o diretor e realizador brasileiro radicado na Europa aborda de maneira contundente aspectos da criação e realização cinematográfica com propriedade técnica. O capítulo "O Som" é sem dúvida o melhor texto sobre o assunto em língua portuguesa.

procura evitar uma intervenção dispersiva ou bloqueadora, onde a linguagem sonora possa apresentar-se como um elemento autônomo, independente.

A interpretação mais comum dessa máxima parte do princípio de que a música deve funcionar como coadjuvante que apoia, e não estabelece contrastes críticos ou ambivalências, ou ainda que busque propor um discurso próprio, paralelo e analítico.

Trata-se de um tipo de concepção que direciona fortemente o impulso criativo do compositor no sentido de uma leitura estilística, transformando sua intervenção mais numa ponte entre um repertório técnico codificado (com o uso de elementos familiares ao imaginário sonoro médio do espectador) e a cena ou imagem, que na proposição de elementos novos que coloquem em jogo diferentes possibilidades, soluções e texturas, nas quais ele possa atuar *ativamente* fornecendo o próprio ponto de vista em relação à determinada cena ou sequência.

Esse tipo de atitude *passiva* frente à banda sonora é surpreendentemente corroborada por um cineasta como Federico Fellini que, paradoxalmente, inventou e estabeleceu um discurso próprio na relação entre som e imagem. Diz ele: "música para cinema é um elemento secundário, marginal, que pode ser colocado em primeiro plano apenas em raros momentos; em geral, deve simplesmente apoiar o resto"[2].

Por outro lado, o cineasta John Huston é categórico: "Eu odeio música decorativa. Eu quero que a música ajude a contar a história, ilustrar a ideia, não apenas para enfatizar a imagem"[3].

A busca por uma *neutralidade* na intervenção do compositor está relacionada a um modo de criação e produção eletrônico-industrial, em que a trilha sonora é apenas mais uma engrenagem participante de um processo segmentado e hierarquizado. Esse modo de produção se encontra aplicado nos dias de hoje nas mais diferentes linguagens como o cinema, a televisão, o vídeo e as mídias eletrônicas diversas. Nesse ambiente de linha de montagem e de alta reprodutibilidade, dissolvem-se as individualidades. O discurso do meio exerce uma verdadeira ditadura de procedimentos e não raro de mensagens.

Um pouco diversa é a situação do teatro e da dança que, mesmo incorporando elementos das novas tecnologias, é por definição uma linguagem que acontece no tempo e espaço reais. Irremediavelmente artesanais, em escala humana, e de reprodutibilidade limitada, são linguagens que possibilitam uma atuação

---

2. Citado por Roger Manvell e John Huntley em *The Technique of Film Music*, London: Focal Press, 1975, p. 242.

3. Idem, p. 243. Sobre essa questão, Theodor W. Adorno e Hans Eisler, em *El Cine y la Musica* (Madrid: Fundamentos, 1976), apresentam um ponto de vista bastante lúcido, ainda que apoiado num antagonismo ultrapassado entre uma pretensa superioridade estética de uma música "articulada" e um utilitarismo primário do "ruído", que também é equivocadamente relacionado ao realismo sonoro.

mais crítica e independente do elemento sonoro, que ganha um espaço e importância criativa maior, ao contrário do contexto industrial da cultura de massa.

De qualquer forma, a capacidade em coordenar e reelaborar dados e procedimentos da tradição musical, já codificados com a livre invenção, passa a ser então um dos fatores mais importantes na capacitação básica de um compositor de cena, esteja ele atuando no cinema, teatro, dança etc.; enfim, a tradição sonora é uma de suas ferramentas básicas.

Essas considerações preliminares não pretendem envolver qualquer juízo de valor, uma vez que vivemos numa realidade cultural extremamente complexa e multifacetada. Outros fatores contribuem, entretanto, para que nos movamos no sentido de estabelecer uma relativização de conceitos desde o início deste trabalho.

Uma reflexão crítica sobre a história das ciências e das descobertas leva, efetivamente, a reconhecer que os discursos científicos, longe de serem "absolutamente" objetivos e racionais, são, na verdade, *condicionados e inconscientes* [grifo meu] em forma de pensamentos difusas, e em última instância anônimas, que caracterizam épocas, sociedades e linguagens[4].

Podemos transpor facilmente essa situação para o campo do discurso técnico na criação artística. Por isso, desde já devemos nos libertar de modelos ou paradigmas fixos e paralisantes, e considerar que a *tradição musical* é nosso campo de forças sempre em mutação – uma vez que o ouvinte organiza os dados lhes emprestando ordem ou caos segundo sua recepção[5] – e que cambia formas segundo as combinações que dela obtemos criativamente.

A relativização dos conceitos técnicos musicais não é nada mais que uma operação para colocar em jogo novas possibilidades combinatórias, antes impensadas ou proibidas, ultrapassando classificações, tabus e gestos condicionados, enfim, ultrapassando um conceito estático de artesanato e, em última análise, de técnica.

A própria proliferação de compositores, arranjadores, músicos e produtores, com seus diferentes modos e contextos de produção criativa, em constante alteração, é por si mesma uma resposta tanto qualitativa quanto quantitativa para uma demanda extremamente diversificada no campo da criação livre e do

4. Henri Atlan, *Entre o Cristal e a Fumaça. Ensaio sobre a Organização do Ser Vivo*, Rio de Janeiro: Jorge Zahar, 1992, p. 160.

5. A decodificação ativa do receptor se dá de uma forma geral na recepção de qualquer signo, mas nos últimos anos ela tem sido um fator cada vez mais importante na elaboração da comunicação estética: "a música pós-moderna não é imaginável sem o conhecimento de todo esse passado (tradição musical) e de outros mundos – um conhecimento que por si mesmo é característico de nosso tempo. É como se tudo de todos os lugares estivesse arquivado em um computador. E criatividade é muito menos criar ou inventar do que atualizar coisas específicas num contexto específico. E aí o ouvinte tem coisa a fazer". Boudewijn Buckinx, *O Pequeno Pomo – ou a História da Música do Pós-Modernismo*, São Paulo: Editora Giordano/Ateliê Editorial, 1997, p. 112.

entretenimento; acentuando a dificuldade em se estabelecer parâmetros teóricos estáticos ou totalizantes.

Outro aspecto importante nesse novo ambiente criativo é a retomada de um certo aspecto neorrenascentista que valoriza mais os suportes e a exploração de seu *modus operandi,* concebendo novas articulações de artesania no processo de produção de artefatos, agora em escala industrial/eletrônica. Ou seja, principalmente a capacidade inventiva na *coordenação* dos dados do material e da imaginação, em vez de um enfoque nos chamados "novos conteúdos" estruturais e espirituais na criação artística.

Em termos sonoros isso pode ser observado pelos questionamentos e novas possibilidades de manipulação do som que os computadores e as novas técnicas digitais têm promovido. A energia criativa dispendida na exploração desses recursos tem sido mais intensa que o movimento de se buscar estabelecer uma nova sintaxe ou mesmo sistemas composicionais totalizantes a partir dessas mesmas explorações.

Assim, acredito, vivemos uma fase de *coordenação* dos materiais disponíveis (novos ou tradicionais) com os novos procedimentos.

Para o compositor de cena – o dramaturgo do som – as questões teóricas no campo musical colocam-se de uma forma própria, bastante específica. À primeira vista, pode-se imaginar que os pressupostos estéticos pertencem ao mesmo universo da técnica musical tradicional; e que os procedimentos práticos, esses sim, são reféns irrecuperáveis das contingências de realização, que sabemos, são erráticas, na maioria das vezes variadas, e certamente com frequência, desfavoráveis.

É fato comum se ouvir dizer que a teorização da música de cena (de teatro, cinema, dança etc.), bem como de outros elementos da encenação como figurinos, iluminação e cenografia, são de pouca utilidade e mesmo aplicabilidade com relação às práticas impostas pela realidade, uma vez que o processo de criação teatral é tão particular, caótico e fora de controle que qualquer pretensão no sentido de estabelecer uma estética sonora mais totalizante naufragaria nas contingências de situações desviantes e irreparáveis.

Portanto, caberia apenas uma certa transposição dos parâmetros gerais que norteiam a música dramática (ópera, oratório, cantata etc.) como balizas na abordagem da música de cena. Errado, a música de cena coloca questões específicas que apresentam novas relações que só podem ser abordadas em seus contextos próprios, essencialmente diferentes do drama musical.

Tenho observado através da minha atividade prática na área que, pelo contrário, um compositor de cena sem um plano conceitual e estratégico claros, que expressem a sua *leitura* ou ponto de vista (de escuta), mesmo que sejam anteriores ao início dos ensaios – o que também não significa rigidez e impermeabilidade ao dinamismo do processo criativo –, torna-se sim um refém de contingências que fogem ao seu controle e que podem interferir de forma negativa e limitante no seu trabalho criativo.

O objetivo deste livro é justamente abordar os elementos que possibilitam a criação de um plano conceitual e estratégico através de um percurso que incorpore os elementos teóricos e práticos de forma inseparável, tomando como base a experiência realizada, na qual os exemplos práticos e questões teóricas compartilham uma mesma situação criativa.

Dessa forma encontra pouca utilidade em nosso universo de estudo qualquer conceito teórico que não resista "à constatação de relações de expressão"[6]. O mesmo também se aplica para qualquer regra técnica musical preexistente, cujos conceitos e parâmetros no contexto da música de cena também se relativizam, uma vez que nela história e tradição musical são desconstruídas por um processo constante de autorreferência e mesmo autocitação que esvaziam o objeto de seu conteúdo histórico estático ou unívoco, tornando-o apenas uma referência a ser historicizada. Talvez caiba adaptar aqui uma famosa frase: "na música de cena a história (musical) se repete (ou é referida) como farsa".

As técnicas tradicionais de composição, todas elas, ocidentais e orientais, antigas e recentes, bem como um par de ouvidos em bom funcionamento, são requisitos para que o compositor possa conscientemente abandoná-las ao sentir tal necessidade.

É importante ter em mente que a hoje chamada música aplicada ou trilha sonora, que designo genericamente como música de cena, é resultado de uma tradição que remonta aos primórdios da expressão artística humana. Ela se insere numa tradição que no ocidente, já mesmo antes dos dramas gregos, dramatizava temas retirados do Antigo Testamento.

A arte clássica Grega foi e continua sendo, sem dúvida, uma das referências fundantes na relação dramática entre som, imagem e palavra. Aristóteles foi certamente o pensador mais influente na estética dramática ocidental, ao elaborar e fixar certos ditames em relação à tragédia e à comédia que se tornaram pilares no desenvolvimento da arte dramática até nossos dias.

A arte Grega, tomada como ponto zero da música europeia ocidental, legou-nos um número extremamente reduzido de documentos a respeito da prática e criação musical na tragédia e na comédia. Antes, propiciou um enorme campo de especulação em torno dessas práticas. Dessa forma, o coro trágico Grego transformou-se numa espécie de totem e símbolo da música dramática. Apesar das diferenças apontadas nas várias abordagens musicológicas, a música do

---

6. Francis Ponge, *Méthodes*, Paris: Gallimard, 1961, p. 38.

teatro Grego estabeleceu-se, assim como a *Poética* de Aristóteles, como base fundante da música de cena ocidental.

A tragédia e a comédia (e depois o drama) formam o pêndulo básico a partir do qual a arte dramática desenvolve seus conceitos e procedimentos até os nossos dias. De certa forma, a história do pensamento musical desenvolveu-se em canto paralelo em relação às questões técnicas, morais, filosóficas e estéticas do teatro.

A questão dos gêneros, da imitação e da verossimilhança, da temática mítica, realista ou mundana, do objetivo moral etc., fizeram também parte do desenvolvimento conceitual da música ocidental.

Dessa forma, acredito que é pertinente estabelecer uma certo tratamento polifônico em relação às questões tanto dramáticas como musicais. Assim, como vozes paralelas em contraponto, serão abordados aqui os universos do teatro e da música.

No âmbito da prática dramático-musical, na Idade Média, ao longo dos séculos XIII e XIV, eram praticados na Itália os chamados *Sacre Rappresentazioni* precursores do oratório e da ópera. Essas representações tinham lugar inicialmente nas igrejas e, ao longo do século XV, foram se transferindo para outras localidades, como as praças defronte às igrejas. Essa mudança de espaço possibilitou também a incorporação de novos artistas, da tradição popular, bem como de suas danças, figurinos e linguagem dramática. Até a abertura da primeira casa de ópera em 1637, em Veneza, o século XVI presenciou o florescimento do drama cantado e dançado como *Orfeo* de Poliziano, realizado na cidade de Mantua em 1472, que contava com um coro, algumas cenas dançadas e indicações impressas no texto a respeito de sua cantilação. Segue-se até o século XVII, quando abre a primeira casa de ópera em recinto fechado e com cobrança de ingresso, o desenvolvimento do drama cantado estabelecendo um novo padrão com a *Camerata Florentina* ao final do século XVI, que buscou recuperar elementos fundamentais da arte dramática grega em torno da ideia do *recitativo*: uma linha vocal solo, cantando com liberdade rítmica, em estilo declamativo, com um apoio instrumental simples. Claudio Monteverdi (1567-1643) foi o principal representante desse estilo, entre suas óperas mais conhecidas estão: *Orfeo, Il Ritorno di Ulisse in Patria, L'Incoronazione di Poppea* e *Il Combattimento di Tancredi e Clorinda*.

> Monteverdi é talvez o maior experimentador que a música da Civilização Cristã apresenta. Parece que previu todas as formas futuras do teatro cantado. Prefere os temas históricos aos mitológicos. Acentua a decadência da música religiosa. Compreende o futuro Drama Lírico, com base na expressão poética, inventa o *Stile Concitato* (Estilo exaltado) e acena para o Motivo Condutor (*Leitmotiv*) como força de expressão simbólica ("Orfeu")[7].

> 7.   Mário de Andrade, *Pequena História da Música*, São Paulo: Martins, 1977, p. 82.

É interessante observar como a ópera do século xx retoma em grande medida essa fase embrionária da ópera europeia, quando o estilo vocal estava ainda em gestação, operando também com estilemas da prática instrumental em processos imitativos e combinando elementos de declamação poética, da Comédia-Balé e do melodrama sacro.

É possível reconhecer na obra vocal de Virgil Thomson, e mais recentemente nas óperas de minimalistas como Steve Reich e Philip Glass, uma retomada de um certo estilo vocal declamativo, privilegiando o uso de linhas vocais baseadas em formantes (tropos) melódicos mais ou menos fixos, enfatizando a não direcionalidade e a circularidade, assim como empregando uma alternância entre o estilo silábico (um som para cada sílaba da palavra) e a abstração decorativa do estilo ornamental (um ou mais grupos de sons para uma mesma sílaba).

A formação instrumental da orquestra de ópera acompanhou também as alterações de linguagem musical e especialmente de espaço nas salas de representação: o desenvolvimento das casas de ópera, tanto no aspecto técnico de cenografia como no aumento do espaço destinado ao público, provocou evidentes reflexos na ressonância das vozes e dos instrumentos.

Certas práticas vocais mais intimistas, características da música sacra e dos espaços menores, foram sendo substituídas por linhas melódicas que enfatizavam a expressão de estados espirituais cada vez mais matizados, que requeriam por seu turno uma dilatação do uso do aparelho vocal, seja em termos de volume como de registro.

Assim, ao longo do tempo os vetores da música com cena e da música de cena foram se distanciando em práticas e objetivos bastante diferenciados, no entanto no século xx verifica-se uma inversão de rota, em direção à integração, interdisciplinaridade e dissipação das diferenciações de gêneros.

Sendo assim, só a ignorância histórica pode justificar a visão de que a música de cena é uma criação artística de segunda categoria porque opera em relação a outros códigos e não *por* e *para* si.

Não existe *qualidade* de estilo, código ou linguagem, apenas *qualidade* de criação artística.

Essa visão míope coloca de um lado as formas e gêneros musicais estabelecidos como a ópera, sinfonia, canção, cantata, oratório, missa, e mais recentemente o teatro musical; e de outro, a música para teatro, cinema, dança, vídeo e televisão etc.; sem levar em conta que existe uma interação entre ambos tanto em relação ao arsenal técnico construído e consolidado, como às estratégias expressivas.

Sobre a música aplicada, de forma geral, ainda resiste um preconceito muitas vezes interiorizado pelos próprios compositores que a praticam (e também pelos compositores chamados "contemporâneos"), que percebem nela um gênero menor por sua aparente subordinação a elementos exteriores, extramusicais. No entanto esse tipo de argumento, que parte de um pressuposto equivocado, poderia também se aplicar a praticamente toda a produção musical que se serve de texto, como a ópera e a canção.

A questão é: desde quando o grau de *pureza* (idealizado) do material garante qualidade artística?

Mas uma vez que se trata, antes de mais nada, de uma questão relativa mais a procedimento do que a material[8], acredito que essa *qualificação* tem pouco a ver com a ideia de *pureza* do material empregado. Inclusive, o puro e o impuro são conceitos totalmente estranhos ao processo analógico e não linear que comanda a criação artística, uma vez que a *qualificação* passa de uma forma ou de outra pelo filtro da *associação*.

Basta cotejarmos o tratamento multiforme que pode ser dado a partir de um mesmo material de partida. Na ópera, por exemplo, um mesmo mito ou fábula gerou, entre tantas obras, criações tão diferenciadas como *Orfeo ed Euridice* de Christoph W. Gluck (1714-1787), a paródia picaresca *Orphée aux Enfers* de Jacques Offenbach (1819-1880); já a lenda da venda da alma ao demônio gerou, entre outras óperas, o *Fausto* de Charles Gounod (1818-1893), o *Mephistopheles* de Arrigo Boito (1842-1918), o *Doktor Faust* de Ferruccio Busoni (1866-1924) e mais recentemente *Votre Faust* de Henri Pousser e Michel Butor e o *Faust* de Luca Lombardi e Edoardo Sanguinetti.

Essa mesma diversidade se aplica à música de cena, que também comporta um espectro amplo de tratamento para um mesmo tema, acrescido do fato de que o repertório dramático pode ser reencenado mais radicalmente que a recriação operística de um repertório estabelecido, que sempre parte de um texto musical fixo.

A tradição teatral vive e se regenera exatamente dessa capacidade de interpretação e leitura diferenciadas a partir de um mesmo tema, texto ou estímulo.

O espetáculo *La Tragédie de Carmen* de Peter Brook[9], por exemplo. Ele foi concebido a partir de dois *modelos,* segundo a própria terminologia do encenador: a ópera de Georges Bizet e a novela de Prosper Mérimée. A encenação recusou o estilo da ópera-cômica, buscando realçar um certo sentido trágico, "mediterranizado" em seu universo de referências.

A criação musical do compositor Marius Constant, por seu lado, baseou-se no "modelo Bizet" em termos de orquestração com o uso de motivos melódicos

---

8. A. Cavalcanti recolhe a seguinte citação de Maurice Joubert: "hoje [1937], quando o filme falado, abandonando o estilo metafórico e alusivo do filme mudo, começa a substituí-lo por um estilo elítico-narrativo, a música deve esquecer, salvo em momentos excepcionais do drama, a sua qualidade lírica essencial. Ela deve, como o argumento, a edição, o *décor* e a fotografia, representar o seu próprio papel, para esclarecer, com lógica e realismo, a narrativa de uma boa história", op. cit., p. 149. Em boa medida, podemos aplicar essas palavras à realidade teatral, onde esse compartilhamento na construção da narrativa também é essencial.

9. Uma descrição detalhada da adaptação e criação do espetáculo encontra-se em Peter Brook, *Les Voies de la Création Théatrale,* Paris: Éditions du CNRS, vol. XIII, 1985.

comuns etc., que promoviam uma "legibilidade literária da música de Bizet"[10]. Enfim, uma *interpretação*. A reelaboração de uma obra historicizada, nesse caso, criada a partir de bases "originais" mas com novos objetivos e interações dramáticas, propicia ao espectador uma leitura metalinguística da trama original.

Desde as tradições mais remotas e diversificadas, nas quais a música era usada essencialmente como meio de reforço na percepção do sagrado e do mágico (desde as cornetas de Jericó do Templo Antigo, por exemplo); ou ainda como elemento integrante de uma cosmologia, como na China Antiga onde o "simbolismo musical se encontra amalgamado às considerações morais, astrológicas, sociais, anatômicas, divinatórias... etc."[11]; a expressão sonora tem assumido diferentes formatos e funções narrativas.

Portanto, a colocação de dicotomias como puro/impuro, verdadeiro/falso, original/cópia em relação à música de cena são pouco pertinentes e eficazes para sua compreensão mais essencial, assim como para a música pura e as artes de uma forma geral. Essas dicotomias envolvem também questões complexas como o estabelecimento de critérios totalizantes, que nos remetem à própria noção de conhecimento. Devemos então nos desfazer desses juízos de valor antagônicos para retomar a distinção encontrada num poema de Parmênides, entre as vozes da *verdade* e da *opinião*[12].

Enfim, a expressão musical da cena (ampliada e impregnada nos dias de hoje por novos meios e procedimentos) é herdeira de uma poderosa tradição responsável entre outras coisas pela concepção de gêneros fundamentais como a tragédia, a comédia, a ópera, a canção, o balé e o musical. Ainda que seu espaço se estabeleça como um gênero independente (e essa talvez seja a sua característica mais importante e diferenciadora em relação às outras práticas musicais tradicionais), a música de cena concebe-se e atua num enclave de signos que caracterizam a encenação teatral. Funda-se em procedimentos específicos que fazem da circunstância, conceito; e do seu fluxo, sistema.

Primeiro Sinal

A música de cena é um poderoso meio de narrativa, resultado de um repertório específico desenvolvido a partir de interações entre o verbal, o sonoro e o gestual. De início, podemos reconhecer sua dupla identidade como veículo de símbolos abstratos e referenciais, ação que encontra na abstração e na associação os seus espaços de imaginação sensorial.

---

10. Jean-Yves Ossonce, L'Adaptation Musicale de Marius Constant, em idem, p. 189.

11. Akira Tamba, *La Théorie et l'Esthétique Musicale Japonais,* Paris: Publications Orientalistes de France, 1988, p. 13.

12. Citado por Vladimir Jankélévitch, *L'Ironie*, Paris: Flammarion, 1964, p. 52-53.

De elemento básico da constituição do *pathos* na tragédia, no estabeleci-mento da métrica na poesia lírica e dos diferentes *ethos* da arte grega clássica, ponto de intersecção entre o teatro épico-histórico e sério e as tradições dramá-ticas populares no palco do teatro elisabetano, e ainda como suporte narrativo na ópera Romântica e liberadora do discurso lógico-verbal no teatro contem-porâneo, a música de cena tem desempenhado diferentes funções na narrativa e encenação dramática.

Serão levantadas algumas questões e procedimentos relativos às formas de elaboração da ideia musical aplicada à dramaturgia e à cena. No entanto de-ve-se advertir desde já sobre um certo diletantismo ou mesmo amadorismo mui-to comum na área. Ele decorre justamente de uma visão equivocada e simplis-ta com relação à transposição da expressão dramática para a expressão sonora.

No universo da música cênica, boa parte dos conceitos estético-estilísticos aplicados à composição musical pura não dão conta ou ainda não se aplicam, em sua essência conceitual-sistêmica, às necessidades específicas e às novas funções às quais o meio sonoro deve responder no contexto da narrativa cênica.

Os equívocos decorrem do fato de que, na elaboração da música de cena, a narrativa sonora insere-se numa textura polifônica de signos (e narrativas), num cruzamento de códigos. "A representação física, no teatro, envolve normal-mente a expressão simultânea de diversas linhas psíquicas de ação, ensejando ao espectador uma opção de enfoque e variedade no processo combinatório"[13].

O mesmo pode-se dizer da representação sonora, uma vez que nela o ele-mento sonoro é um composto de diversas camadas qualitativas, cujo jogo de forças transcende as suas próprias naturezas como fenômenos acústicos, uma vez que agora está inserida num contexto narrativo para onde fluem signos de diferentes ordens. O elemento sonoro se vê envolvido com uma *função referen-cial* e com uma *função performativa*[14].

A estrutura musical pura (mesmo aquela que se utiliza de texto), ao con-trário, é formada por elementos de construção e coordenação que respondem exclusivamente a uma formulação musical gerada a partir de uma concepção de totalidade.

Essa diferença básica, que de um lado insere o dado musical como parte de um universo heterogêneo, e de outro, como um elemento que deve se arti-cular como um todo homogêneo, é sem dúvida a chave mais importante para compreendermos a relativização dos conceitos técnicos que a prática da música de cena opera com relação à música pura.

Não basta à música de cena ilustrar uma situação dramática a partir dos ele-mentos fornecidos pela narrativa verbal. É preciso que ela explore os diferentes

---

13. Marvin Carlson, Psychic Polyphony, *Teorias de Teatro*, São Paulo: Ed. Unesp, 1997, p. 502.
14. Idem, p. 497.

ângulos e que interfira com suas qualidades específicas na encenação como um todo, operando basicamente com os parâmetros de espaço e tempo, densidade e velocidade da cena e, finalmente, na curva dramática. De forma que sejam identificadas e exploradas de maneira diagonal as diversas camadas que compõem o fenômeno cênico.

É raro o encenador oferecer pistas que direcionem conceitualmente a transposição da linguagem dramática para a linguagem sonora, e que ainda ultrapassem o nível da simples associação referencial. Portanto, a capacidade de percepção e investigação do compositor será o seu guia inicial mais confiável nessa operação, ainda que Peter Brook afirme que "o primeiro ensaio é uma espécie de cego guiando cego"[15].

Não existe uma fórmula ou um procedimento padrão na relação encenador/compositor. Na verdade cada parceria é uma história diferente. No entanto, pode-se falar em certos parâmetros técnicos e estéticos que norteiam essa colaboração criativa:

> Eu gosto de trabalhar com Bob. Nós temos *backgrounds* similares... nascemos no mesmo berço criativo – Cunningham, Cage, Jasper Johns, Warhol. E ambos temos um senso acurado de tempo. Quando eu e Bob conversamos sobre trabalho, nós conversamos sobre *tempo* – sobre que duração deve ter a peça. Em teatro a estrutura dramática e a estrutura temporal são inseparáveis. *Tempo* é o meio comum entre música e teatro[16].

Dessa forma, o compositor Philip Glass toca no ponto básico da interação que acontece entre som e cena: *tempo*.

Na maioria das vezes esse parâmetro pode ser tomado como baliza fundante na construção da arquitetura global (ou seja, na grande forma) da música de cena. É evidente que o compositor norte-americano no trecho citado acima refere-se a uma dramaturgia bastante especial – do encenador Robert Wilson – mas, de toda forma, o tempo é o veículo primeiro para toda e qualquer ação cênica.

Acredita-se também, de uma forma geral, que é necessária uma sintonia estilística entre encenador e compositor. Na verdade, essa sintonia é um conceito muito amplo se levarmos em conta o atual panorama estético onde não existem mais projetos criativos totalizantes, encerrados em sistemas fechados. Hoje em dia, cada encenação constrói o seu próprio universo conceitual. Dessa forma, a pretendida sintonia deve estabelecer-se sobre conceitos, objetivos e procedimentos identificáveis em *ambas* as linguagens, sonora e teatral. O parâmetro da temporalidade, referido por Glass anteriormente, já é sem dúvida um bom começo.

15. *The Empty Space*, London: Penguin Books, 1968, p. 118.

16. Arthur Holmberg, *The Theatre of Robert Wilson*, New York: Cambridge University Press, 1996, p. 20.

Uma relação de parceria criativa se baseia menos nas idiossincrasias e mais na comunhão de pontos de partida e objetivos.

Mas como identificar objetivos comuns quando a criação de uma encenação é na realidade o resultado de um processo vivo, logo, em grande medida, imprevisível e caótico?

Peter Brook parte, um pouco à maneira da geração biológica, de um grau zero em seu trabalho de encenação: "Há uma intuição amorfa que é minha relação com a peça. Não tenho estrutura para montar uma peça, porque trabalho a partir daquela sensação amorfa e informe, e daí começo a me preparar"[17].

Da mesma forma que cada encenação cria o seu universo próprio de referências, cada processo criativo qualifica de forma própria os seus procedimentos através de interações e sínteses que irão gerar o seu repertório básico.

No entanto, é delicado falarmos em repertório básico e comum.

Inicialmente devemos levar em conta que a própria experiência de tempo e espaço varia segundo a percepção de cada um. Pode-se falar em fenômenos constantes na percepção que se sobrepõem às diferenças de recepção e que fornecem um certo padrão comum da informação geral percebida. Quando um trem se movimenta, é percebido de forma diferente para quem está dentro e para quem está fora dele (recorrendo a uma experiência de Einstein). Para esse fenômeno não haverá sequer uma descrição igual; e mesmo quando próximas, estarão certamente impregnadas por vivências e pontos de vista diferentes.

Não resta dúvida de que as traduções de signos envolvem uma sensibilidade e intuição quanto às emanações simbólicas e materiais do fenômeno percebido. É preciso estar atento àquilo que Roland Barthes percebia como zonas erógenas da linguagem e da comunicação.

Para o músico a temporalidade assume uma importância fundamental na concepção criativa, pois em última análise ela é o veículo essencial para a materialização sonora. A temporalidade opera um jogo construtivo na percepção do espectador entre *tempo real* e *tempo musical* que é um feixe concentrado de outras percepções simultâneas: "a música ligada ao tempo ontológico geralmente é dominada pelo princípio de similitude. Aquela que se vincula ao tempo psicológico procede espontaneamente por contraste. Estes dois princípios que dominam o processo criador correspondem a noções essenciais de variedade e uniformidade"[18].

Podemos transferir para o próprio processo de fruição do espectador essas duas tipologias musicais identificadas por Stravínski. Da mesma forma que a variedade só adquire sentido a partir da uniformidade, o tempo psicológico não deixa de ser uma das possibilidades de realização do tempo ontológico no "eterno presente" que caracteriza as artes performáticas. Dessa forma, como um

---

17. *O Ponto de Mudança – Quarenta Anos de Experiências Teatrais*, Rio de Janeiro: Civilização Brasileira, 1994, p. 19.

18. Igor Stravinski, *Poética Musical*, Madrid: Taurus Editorial, 1977, p. 35.

elétron bombardeado por feixes de luzes concentradas, a ação psicológica do espectador (e também do encenador e do compositor) reage com fusões e sínteses instantâneas que constroem o verdadeiro *tempo real* da percepção. Segundo a escritora e dramaturga norte-americana Gertrude Stein (1874-1946) "a emoção está sempre em tempo sincopado, sempre na frente ou atrás da peça"[19].

Para o encenador, a temporalidade sobrepõe signos que se relacionam tanto a universos simbólicos como verbais, visuais, espaciais, gestuais e também sonoros. Ela é a resultante da sobreposição de densidades e fenômenos heterogêneos. Por outro lado o tempo do teatro é fundamentalmente o tempo do ritual e do arquétipo, "o teatro continua a viver acima do real" escreveu Artaud. Ou seja o teatro, e nisso inclui-se obviamente sua temporalidade, é sobretudo um *veículo*, "um meio para o autoconhecimento, uma possibilidade de salvação"[20].

Dessa forma não deixa de ser pertinente e interessante que o compositor trabalhe a percepção do espectador usando formas não lineares que fujam à condução direcionada do tema melódico, do motivo condutor e assim por diante.

É justamente o acoplamento dessas duas experiências de temporalidade, musical e teatral, que irá determinar a *densidade temporal* da cena e da música. Enquanto o músico lida basicamente com o deslocamento de ar no espaço e tempo (que é o fenômeno da vibração sonora) através de densidades sonoras diferenciadas, a densidade da cena teatral é resultante da combinação de elementos que constituem fatias e ordens diferentes em sua temporalidade, condensados no instante observado, que muitas vezes é a síntese do gesto, do conceito verbal, moral, na cronologia dramática e no fluxo do tempo real. Em suma, esse conjunto polifônico resultante deve estruturar-se num projeto cênico a partir da fixação de eixos básicos comuns, como *densidade dos eventos, velocidade* e *tempo*.

Um ponto de partida importante para analisarmos as interações envolvidas nesse processo criativo, como já foi mencionado, é a questão do *tempo*. Não há dúvida de que compositores e encenadores partem de experiências diferentes em suas linguagens específicas. Para o encenador, o eixo principal de construção do fluxo temporal organiza-se a partir da capacidade de evidenciamento (ou ocultação) dos elementos da narrativa, sejam eles palavras, imagens, gestos ou sons.

A princípio, a experiência de tempo para o músico se relaciona mais à densidade do evento sonoro em relação ao fluxo temporal, do que a funções narrativas apoiadas em elementos verbais ou visuais. A própria forma de contabilizar o fluxo temporal difere enormemente: o tempo ganha substância irrecuperável para o músico, uma vez que em seu devir ele *é*, existe enquanto fenômeno único e irrecuperável; já para o encenador, o substrato narrativo se constrói na combinação

---

19. Citado por M. Carlson, op. cit., p. 391.
20. P. Brook, *O Ponto de Mudança*, p. 66.

multitemporal dos planos da narrativa e da representação verbal, visual e sonora; logo, para ele, o tempo *é, foi e pretende e se projeta a ser.*

É necessária, portanto, uma adaptação na manipulação do parâmetro da temporalidade e da estilística musical no sentido de uma participação ativa no fluxo narrativo da cena. Perceber de que forma deve se dar essa adaptação é essencial para o sucesso da parceria.

Mas antes de prosseguirmos na descrição das diferenças, nos interessa identificar as afinidades, os pontos de contato. É comum que a chave de leitura de uma determinada cena seja apresentada pelo encenador para o compositor a partir das metáforas mais subjetivas. Às vezes, alguma música já existente funciona como referência e metáfora; outras vezes, são empregados adjetivos fortes, mas também subjetivos. *"Quanto mistério e ambiguidade se escondem por trás delas..."* nos diria um experiente compositor a respeito dessas senhoras traiçoeiras, as metáforas. Na maioria das vezes, elas são, no mínimo, garantia de proposições confusas e, porque não, perigosas, se também levarmos em conta a natureza essencialmente abstrata da linguagem sonora.

Quando o ponto de partida da encenação é o texto dramático, compositor e encenador encontram-se em situações semelhantes, precisam encontrar o que Stanislávski identificava (em relação ao trabalho do ator) como o "supra-objetivo" e "a linha ininterrupta de ação", para então iniciar a transformação das palavras e ideias em tempo, espaço, matéria.

O compositor tende geralmente a identificar os momentos onde possa ser encontrada alguma referência sonora explícita, como personagens que cantam ou tocam algum instrumento; ou mesmo buscar uma referência sonora a partir da qualidade espacial das cenas: igreja, sala de jantar, praça pública, parque de diversões, palácio, cabaré, bordel etc. Procedendo dessa forma, ele principia o seu trabalho como Brook asseverou acima: um cego que tateia um ambiente novo. Mas caso o texto apresente uma aridez com relação a essas referências, é preciso então, desde o início, localizar e conceituar *tempo, espaço* e *função* que o som e a música irão desempenhar na encenação (retomando de certa forma as unidades aristotélicas como conceito e não como guia do procedimento criativo)[21].

Para isso é preciso que sejam buscados alguns parâmetros básicos, como o estabelecimento do eixo de *tempo* e *espaço*, ainda que se opte exatamente pela neutralização dessas referências na concepção da composição. Ou seja,

---

21. Neste livro, o termo música engloba todo e qualquer evento sonoro originário de qualquer espécie de fonte sonora que possa ser transmitida ao sistema nervoso central através da variação da pressão do ar, o que abarca, portanto, tanto os chamados sons musicais como os chamados ruídos de qualquer espécie.

estabelecer o *onde*, *quando* e *por quanto tempo*, numa espécie de mapeamento macroscópico do espetáculo.

Aristóteles enfatizou a unidade de ação como elemento primordial da tragédia. Ao longo do tempo, a evolução do teatro ocidental definiu também as unidades de tempo e de lugar a partir das ideias de Aristóteles. Essas unidades foram tomadas como balizas na construção dramática, e sendo alteradas sucessivamente com a própria evolução histórica da linguagem teatral.

Goethe encontrava a grandeza de Shakespeare, entre outras coisas, na sua capacidade em não aprisionar-se a essas unidades, que estabelecem regras quanto à qualidade do espaço e do tempo na ação teatral, de forma a preservar o sentido da verossimilhança na encenação. Dessa forma, a duração temporal seria restrita a uma *imitação* do tempo real. Para os defensores dessas unidades aristotélicas, deveriam ser evitados os lapsos de tempo, buscando-se transmitir uma sensação de continuidade temporal, o mais fiel possível em relação ao transcurso temporal na vida quotidiana. Por seu lado, buscando também a verossimilhança, a unidade de lugar regularia o espaço da encenação. Durante muito tempo, ela determinava que esse espaço deveria se limitar a uma localidade única para toda a encenação[22].

É evidente que ao longo do tempo a conceituação dessas unidades foi sofrendo alterações segundo a ênfase estética de cada período. Em *Missão Teatral de Wilhelm Meister,* escrito entre 1777 e 1785, Goethe chama a atenção sobre o fato de que " 'as três unidades não só são necessárias ao drama, como um ornamento dele'. Na verdade, não devemos nos limitar a três, mas considerar uma dúzia ou mais – incluindo a unidade de maneiras, de linguagem, de caráter, de figurino, de cenário, de iluminação"[23]. Poderíamos incluir nesta lista também a unidade de som ou de música, que é um elemento complementar às unidades de lugar e espaço.

Esses parâmetros básicos de *tempo* e *espaço* referidos acima podem ser informados a partir dos outros elementos. No entanto, quando o ponto de partida é um texto verbal, bem entendido, eles são suficientes para que o trabalho se inicie sobre uma base consistente.

Ao observarmos o teatro contemporâneo – em que esses parâmetros são extremamente relativizados quase, e às vezes mesmo, à extinção – nos deparamos com situações de extrema diversidade. Algumas encenações não estabelecem de

---

22. Em 1570, Lodovico Castelvetro estabeleceu uma definição mais rígida com relação a essas unidades. Para ele, era impossível " 'fazê-los (o público) acreditar que vários dias e noites transcorreram quando seus sentidos lhes dizem que só escoaram algumas horas'. De igual modo, o cenário também não deveria ser trocado, restringindo-se 'ao quadro capaz de ser percebido pelos olhos de uma única pessoa'". Citado por M. Carlson, op. cit., p. 45.

23. Idem, p. 168.

nenhuma forma essas referências, outras justapõem diferentes temporalidades e espaços. Acrescente-se ainda o uso da multimídia que sobrepõe realidades espaciais e temporais em horizontes virtuais que se acoplam à realidade física cênica.

A falta de uma operação crítica na concepção da música de cena pode resultar numa concepção geral sonora meramente decorativa (associativa), que não estabelece um jogo contrapontístico com os demais elementos cênicos, graças a um sistema fechado de signos referenciados. Dessa forma, a música – retirada de seu suporte original, a audição pura – não alcança o novo ambiente criativo em que se insere, tornando-se um espectro de si mesma.

Tomemos um exemplo sonoro para ilustrar uma das possíveis formas de operação crítica *no* material sonoro[24]. Em *Hamlet* de Shakespeare, *exemplo 1*[25], *figura 1*, à primeira entrada da corte pode-se notar dois registros principais de leitura da cena. O primeiro, relativo à realidade visível da cena (seu espaço arquitetônico e social), que nos mostra a imponência e o fausto monárquico. O segundo registro relaciona-se à realidade subjacente, dramática, que nos apresenta um ambiente tenso, consequência do recente envenenamento do Rei que teve o seu trono usurpado pelo irmão e assassino[26].

A música, para tornar-se efetivamente música de cena, deve portanto dar conta desse duplo registro da cena que não é excludente, mas complementar. Ao contemplar parcialmente essa situação dramática, ela abandona a chave de leitura central da cena, deslocando-se para um espaço lateral, ornamental e subalterno na narrativa cênica. A identificação dos registros sobrepostos numa mesma situação dramática fornece as pistas iniciais sobre o contexto em que a música será inserida. Daí a necessidade de uma leitura diagonal do projeto de encenação em sua concepção. Kenneth Burke lista cinco termos dramáticos chave para o

---

24. Deryck Cooke, em *The Language of Music* (Oxford University Press, 1959), elaborou um curioso esquema que relaciona os intervalos musicais melódicos com sensações subjetivas: "Tônica: emocionalmente neutra. Segunda menor: tensão semitonal em direção à tônica. Segunda maior: nota de passagem emocionalmente neutra. Terça menor: intervalo consonante, mas entendido como descenso da terça maior, significa aceitação estoica, tragédia. Terça maior: alegria. Quarta justa: nota de passagem, ou quando contém tensão tonal em relação à terça maior, dor. Quarta aumentada: nota modulante da tonalidade através da dominante: aspiração ativa". Citado por Enrico Fubini, *La Estetica Musical del Siglo xviii a Nuestros Dias,* Barcelona: Barral Editores, 1970, p. 209-210.

25. Para ajudar a estabelecer alguns parâmetros que caracterizam a música de cena, usarei exemplos sonoros retirados de trabalhos de minha autoria. A numeração dos exemplos corresponde à numeração das músicas no CD que acompanha este livro.

26. Escreveu Novalis: "Em Shakespeare alternam-se a poesia com a antipoesia, a harmonia com a desarmonia, o vulgar, o baixo e o feio com o romântico, o elevado e o belo, o real com o fictício: exatamente o contrário do que acontece com a tragédia", apud Walter Benjamin, *Origem do Drama Barroco Alemão*, São Paulo: Brasiliense, 1994, p. 151.

Figura I

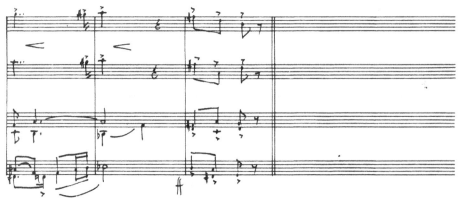

estudo do drama, e que podem ser aplicados ao desvendamento diagonal de uma cena ou situação. São eles, "arte, cena, agente, ação, propósito"[27].

Após identificados esses elementos, cabe ao compositor a escolha de qual registro ou registros serão realçados ou colocados em perspectiva na recepção do espectador.

Observe que no *exemplo 1* o acorde perfeito maior de sol é repetido três vezes no início da música. Ele estabelece de imediato uma atmosfera grandiosa, de pompa. Esse início funciona como uma moldura sonora que transporta e localiza o espectador tanto no tempo e espaço como no contexto sócio-histórico que se procura representar na cena. Esses acordes são seguidos por um salto ascendente de quarta justa *si-mi* nas trompas, compasso dois, característico do estilo adotado, a marcha sinfônica. Após seguidas transposições (pelos trompetes e clarinete), o caráter afirmativo do motivo intervalar se enubla. Instaura-se uma confusão tonal que remove a alta definição com que foi apresentado o motivo melódico da quarta, fazendo-o submergir nessa nova textura polifônica, agora em baixa definição.

Em seguida, a partir do compasso oito, a linha melódica apresenta síncopas rítmicas (clarinete, fagotes e violinos, inicialmente) que tangenciam a estrutura rítmica básica do estilo, provocando alguns "tropeços e soluços" rítmicos com a sobreposição de pausas de colcheia, colcheia de tercina e semicolcheia nas cordas, trompetes, fagotes, clarinete e flauta, compassos doze e treze, e que desmembram a linha melódica em curtos formantes melódicos sobre uma harmonia baseada em acordes de quarta justa e aumentada, que contribuem para um acréscimo de tensão na passagem.

A partir do compasso catorze, são retomados alguns elementos do estilo de referência, através de uma melodia construída sobre células rítmicas típicas da marcha (colcheia pontuada e semicolcheia) proposta pelos trompetes e flauta, prontamente respondida pelos fagotes e cordas (compassos quinze e dezesseis), e acrescida ainda por um acento de caráter cadencial que direciona a finalização para uma abrupta retomada do eixo tonal inicial, em sol maior.

Ao transitar entre o estilo musical de referência e sua recriação, a música de cena busca em seu próprio texto os meios expressivos que contemplem os diferentes registros presentes nas texturas dramáticas da cena.

Talvez seja esse um dos procedimentos musicais principais na música de cena. A partir dele, é possível obter variações sutis de sugestão, associação e crítica narrativas. Neste exemplo em particular foi possível, através da manipulação da própria tradição musical, estabelecer o ponto de vista musical da cena.

Dessa forma, a marcha orquestral do *exemplo 1* contemplou o requisito de *localização espacial*, através de uma instrumentação em escala com a dimensão

---

27. Kenneth Burke, *A Filosofia da Forma Literária,* 1941, apud M. Carlson, op. cit., p. 386

monumental do salão palaciano; *localização social*, com a escolha de um estilo compatível, a marcha sinfônica clássica; e, finalmente, o requisito da *ambientação dramática*, atuando de forma negativa – por deformação – sobre o estilo musical.

Segundo Sinal

Na música de cena, o conceito técnico e estético devem conceber e participar de uma mesma solução encontrada, promovendo assim uma maior visibilidade das intenções objetivas, expostas ao fluxo inexorável do *continuum* temporal, procurando evitar que o compositor mergulhe num empirismo automatizante que o torne refém dos clichês de estilo.

A música de cena utiliza-se das duas articulações do signo sonoro: a realidade objetiva e a referencial. Em grande parte a escolha do universo sonoro é determinada pelo gênero dramático. A comédia, por exemplo, em toda a sua diversidade de formas e gêneros, dos saltimbancos, do circo, do teatro popular, da *Commedia dell'Arte*, e mais recentemente dos desenhos animados de televisão, os cartuns, favorece o uso referencial, gestual do som, seja apoiando, contrastando ou criando uma voz paralela.

No terceiro volume da *Enciclopédia* de Denis Diderot (1713-1784), publicado em 1753, encontramos uma tipificação da comédia que varia segundo o seu objeto: "se ela busca tornar o vício odioso, é uma comédia de caráter; se mostra homens como joguetes dos acontecimentos, é uma comédia de situação; se busca tornar a virtude amada, é uma comédia de sentimento"[28].

As qualidades gestuais do som são determinantes com relação à constituição dos gêneros e à carga simbólico-histórica inerente a cada instrumento musical. De tempos em tempos as sociedades e culturas determinam diferentes qualidades de caráter com relação a eles. O trompete, por exemplo, é um instrumento que se relaciona no imaginário social ao universo militar: da guerra, da conclamação e da disciplina. No entanto, no século xx o *jazz* reinventou esse instrumento, revelando novas potencialidades musicais que vão muito além do clichê cultural hegemônico.

O gênero musical como expressão cultural reúne aspectos do imaginário social, emocional e político da sociedade. Reflete desde valores mais ou menos abstratos desse imaginário até aspectos bem determinados do seu universo simbólico e utilitário. Dessa forma, certos gêneros e estilos musicais – inclua-se aí desde seus elementos básicos formais (melodia, harmonia e ritmo), até a instrumentação e a forma de tocar – relacionam-se a classes sociais, grupos raciais e práticas sociais.

28. Apud M. Carlson, op. cit., p. 145.

Sobre essa manipulação cultural do gênero musical temos um exemplo interessante na operação "carnavalizante" que a marchinha carnavalesca brasileira opera em relação à forma tradicional da marcha, de origem militar. Enquanto o ritmo da marcha militar – seu elemento mais característico, aliado à curva melódica e instrumentação – tem por função disciplinar, colocar em linha, agrupar, "andar junto para expressar uma unidade de propósito", a marchinha carnavalesca inverte essa função social do gênero. Seu uso também tem a função de juntar, só que para pular, dançar, seduzir, se divertir. Como também para deslocar as máscaras do jogo social interpessoal, expressar a individualidade e as diferenças. O antropólogo Roberto da Matta ressalta que "a música de carnaval é para ser cantada e 'brincada', jamais para ser somente ouvida"[29].

Um mesmo gênero musical se desdobra em vários subgêneros que desempenham diferentes funções na vida social. Isso pode ser observado também na marchinha de carnaval, que opera uma espécie de "deslocamento" dos elementos musicais em relação à marcha militar, bem como uma "inversão" funcional em relação a ela.

Ainda com relação à marcha carnavalesca, as diferenças em relação ao gênero militar vão desde o tipo de letra galhofeira, jocosa e sempre que possível maliciosa, até uma curva melódica em geral mais feminina (a distinção entre melodia masculina e feminina veremos mais adiante) e uma instrumentação mais livre, ainda que baseada nas formações das bandas militares[30].

A música de câmara, por exemplo, nas suas diversas instrumentações – quarteto de cordas, trio de sopros ou mesmo num pequeno conjunto de instrumentos mistos – sobrevive como um ícone de nobreza, riqueza e sofisticação no imaginário de nossa sociedade atual quando lança mão dos clichês melódico-harmônicos do estilo Clássico e Romântico europeus.

Mais à frente, iremos aprofundar o estudo dessa espécie de segunda pele histórico-social que adere a textura sonora e que é um meio poderoso de narrativa sonora.

Por outro lado um exemplo, já clássico, de inversão simbólica da percepção estético-cultural de um gênero musical, podemos encontrar no uso que o cineasta Stanley Kubrick fez da valsa *Danúbio Azul* de Johann Strauss no filme *2001 – Uma Odisseia no Espaço*. Nele, inverte-se a leitura passadista, historicizada e nostálgica que nossa época faz do gênero musical representado por *Danúbio Azul,* criando, com a sobreposição de imagens do espaço sideral, uma leitura nova da música e do gênero, tornando-o atemporal, abstrato e estranhamente futurista.

---

29. *O Poder Mágico da Música de Carnaval (Decifrando* Mamãe Eu Quero*) em Conta de Mentiroso – Sete Ensaios de Antropologia Brasileira*, Rio de Janeiro: Rocco, 1993, p. 68.

30. É possível que essa similaridade seja decorrência do fato de que os instrumentistas dos bailes carnavalescos bem como dos desfiles dos blocos eram oriundos das bandas militares urbanas (Corpo de Bombeiros, Exército, Marinha, Polícia Militar etc.)

Já a tragédia e o drama burguês são, por definição, o espaço da expressão de mitos, atmosferas, conflitos interpessoais, filosóficos, políticos e sociais. Neles, a música tem maiores possibilidades para desenvolver narrativas paralelas, visando a acentuação, o reforço, o contraste ou ainda o comentário de uma determinada situação ou sensação. A tragédia, a partir do modelo grego, apresenta uma maior hierarquização no uso da música, com instâncias mais fixas como o coro que desempenha uma função bastante determinada na construção dramática. No drama, apesar da narrativa principal concentrar-se no texto e seu conteúdo, a música encontra também espaço para a exploração de sensações e emoções que não podem ou que não se desejem ver expressas verbalmente, bem como para a ampliação e universalização de certas situações apresentadas em seu espaço/tempo originais.

O teatro contemporâneo, incorporando alguns conceitos da música de nosso século – que entre outras coisas rompeu a diferenciação conceitual entre som musical e ruído –, não se prende mais a relações preestabelecidas entre gênero dramático e estilo musical.

Assim, qualquer cena pode ser sonorizada pelos chamados "ruídos" ou "sons musicais". Não existe cena que *a priori* deva ser sonorizada por uma ou outra categoria exclusivamente. A solução deve sempre estar integrada à concepção geral da composição.

Exemplificando, o clímax de uma cena ou ação na qual se aguarda, com expectativa e tensão, a entrada no palco de uma determinada personagem, pode ser resolvida das seguintes formas, em cada categoria:

a. com o *ruído* do giro lento de uma maçaneta com o mecanismo enferrujado. Esse som pode ser alterado em sua *escala* original por amplificação, processamento e distorção, num procedimento sonoro que antecipa a entrada dessa personagem, ampliando o espaço visível da cena;

b. uma solução *referencial* pode ser criada através do *explicitamento subjetivo da sensação* de expectativa e tensão com o uso de uma melodia sugestiva, como por exemplo: uma frase ascendente rápida de violinos sobre uma harmonia tensa com uma suspensão harmônica sobre o último som, provocando uma interrogação, uma suspensão na cadência.

Na primeira solução a cena é *ouvida/lida* a partir do som da maçaneta, promovendo um deslocamento na escala proporcional entre tamanho e localização do objeto no espaço e sua projeção nesse espaço. Este é um recurso muito usado no cinema: a *zoom-in* sonora. Esta solução sonora é resultante do estabelecimento de um *ponto-de-escuta* diferenciado da cena. Esse novo ponto-de-escuta coloca o espectador num espaço *dramático*. Ele não está mais na plateia, como também não ouve pelos ouvidos das personagens, no palco. Sua escuta se localiza num espaço inventado, criado, que envolve a situação como um todo. É como se sua escuta fosse a resultante das escutas presentes na situação: a da personagem que entra (próxima ao ruído), a dos personagens em cena (mais distantes espacialmente da porta, mas com o foco de interesse priorizado nela), para os quais o ruído torna-se a ação dramática principal; e ainda a escuta do espectador que soma essas ações e reações, elaborando um *espaço dramático*, de sensações.

O conceito de *ponto-de-escuta* é semelhante ao de ponto de vista. A escolha de um ou mais *pontos-de-escuta* – entre um sempre constante leque de opções – possibilita o estabelecimento de diferentes leituras espaciais e sonoras para uma mesma cena. Em outras palavras, ele determina o eixo euclidiano do espaço acústico, orientando a tradução sonora do compositor para a cena.

Uma cena pode ser lida a partir de diferentes *pontos-de-escuta*:

1. a partir da intenção dramática geral da cena;
2. a partir do ponto de vista de uma ou mais personagens;
3. a partir da sobreposição ou deslocamentos temporais mais amplos (rememoração, projeção futura etc.) ou ainda em relação a outras personagens e/ou situações não visíveis na cena;
4. a partir de elementos de cenografia (configuração espacial, portas, móveis especiais, rampas etc.) e figurino (o sapato de um manco que produz um ruído cômico quando ele anda, por exemplo);
5. a partir do espectador.

A disposição do som no espaço acústico é determinada a partir do estabelecimento de um ou vários *pontos-de-escuta* (incluindo agora também o *ponto-de-escuta* do espectador). A partir desse parâmetro, o compositor cria o desenho sonoro da encenação que irá dispor a movimentação do som no espaço, criando as diferenciações acústicas do espaço cênico.

Essas diferenciações determinam as hierarquias espaciais (e dramáticas, por consequência), como: espaço *interno* = palco, *externo* = plateia. Bem como as subdivisões desses espaços, a integração espacial entre palco e plateia etc. Enfim, a cartografia dramático-espacial da encenação.

Resumindo, o *ponto-de-escuta* está para o compositor assim como a *marcação* da cena está para o encenador em relação ao espaço cênico. Trata tanto da sua ocupação como da sua arquitetura dramática.

Questões como esta do *ponto-de-escuta* são mais um índice de que o papel tradicional do compositor sofreu profundas transformações, não apenas no conteúdo de sua linguagem criativa, mas também nas funções por ele desempenhadas no processo de realização da música de cena.

Surge então, na atualidade, a figura de um profissional que acumula as funções de compositor, intérprete, produtor musical, dramaturgo sonoro e *sound designer*.

O modelo do compositor erudito europeu do século xix (e também do compositor de cena desse período), e de boa parte da chamada música erudita desse século, não contempla essas novas funções, seja em termos de habilitação técnica como por um pensamento hierarquizado em relação a outros aspectos do processo de artesania envolvidos. Essa nova sobreposição de funções insere-se num contexto de atuação diagonal na realização da música de cena. Isto é, no ato da composição já são levados em conta elementos como o desenho do espaço acústico, o tipo de equipamento para sonorização desse espaço e as funções desejadas, e ainda um planejamento da produção musical que irá determinar, entre outras coisas, o número de intérpretes, horas de estúdio, locação de equipamento de sonorização etc.

Exige também uma capacitação em diferentes áreas como acústica e operação técnica de equipamentos de áudio, bem como conhecimentos básicos de linguagem teatral, enfim aquilo que já chamei de *artesão eclético*[31].

Terceiro Sinal

As funções principais da narrativa sonora são: apoio, contraste e voz paralela.

Para nos localizarmos é preciso inicialmente buscar identificar e diferenciar, na construção da narrativa sonora, o que pode se chamar de *procedimento* e *clichê*.

Essa diferenciação torna-se necessária, uma vez que é preciso separar os *procedimentos* criativos dos automatismos referenciais (*clichês*) decorrentes de sucessivas sobreposições estilísticas que dificultam o estabelecimento de uma base conceitual viciada e preconcebida. Essa consciência propicia ainda uma maior clareza na própria manipulação do dado conceitual, uma vez que essas sobreposições ocultam as chaves básicas de seu funcionamento.

O *procedimento* compreende uma ação concentrada na linguagem de um conjunto de intenções objetivas lançadas no tempo e espaço; já o *clichê* é resultado de uma ação (na verdade, motivada como *reação* a um estímulo) recuperativa, composta basicamente por elementos pré-codificados por um repertório e uma linguagem culturalmente o mais ampla possível, cuja expressão essencialmente referencial não informa além desse plano que é, em última análise, sua própria razão de existência.

O *procedimento* é um instrumento pelo qual o compositor realiza a ideia criativa na linguagem, a partir de elementos que são criados tendo em vista um objetivo original. Desempenham funções, sejam elas positivas ou negativas.

---

31. Livio Tragtenberg, Artesanato e Arte Interdisciplinar: Teatro Musical, *Artigos Musicais*, São Paulo: Perspectiva, 1991.

O *clichê* é a articulação simbólica de elementos que resultam num alto grau de reconhecibilidade e redundância e no esvaziamento do objeto como elemento dinâmico: "o objeto é portador de signos por sua mera existência enquanto objeto, muito mais do que pelo que ele representa"[32]. O uso do *clichê* portanto imobiliza de certa forma os objetos. Mas no entanto provoca uma dinâmica no processo de referencialidade ou comparação entre os diferentes elementos em jogo.

Quando na música de cena o emprego do *clichê* motiva a intervenção sonora, ele determina uma certa passividade no processo de recepção do espectador, reduzido em grande parte a um *reconhecedor de sinais*[33]. O risco de alienação e mesmo de banalização é grande, uma vez que o *clichê* transforma ação em constatação – mais ou menos reflexiva –, provocando um excessivo direcionamento da fruição estética, num "apelo máximo à linguagem sonora sociocultural já adquirida"[34].

É exatamente essa capacidade de direcionamento que o *clichê* proporciona, que o credencia como um ferramenta importante para a música de cena, ao estabelecer um elo de ligação imediata com o espectador, não desviante em relação à narrativa verbal, e que não requer muita atenção do espectador para a sua decifração.

"A produção em massa de filmes conduziu a criação de situações típicas, momentos emocionais repetidos, a estandardização dos recursos para estimular a tensão. A isto corresponde a criação de lugares-comuns musicais[35]." A repetição à exaustão desses lugares-comuns – seja no cinema, teatro ou dança –, seja com a função de apoio ou de contraste, estabeleceu uma coleção de soluções que formam um verdadeiro banco de dados à disposição do compositor de cena hoje.

Por outro lado, o emprego estilístico do *clichê* (aí como recurso metalinguístico) promove com eficiência uma espécie de autocrítica da narrativa sonora, possibilitando o desvelamento de seus mecanismos internos, pondo às claras suas articulações e intenções estruturais e dramáticas.

O *clichê* não se expressa apenas através do material sonoro, mas também com o seu contexto dramático e temporal. Dependendo desse contexto, o momento escolhido para a sua inserção pode determinar sua função, e mesmo o caráter dessa intervenção.

De toda forma, o que determina um *clichê* sonoro é sua universalidade traduzida em sua reconhecibilidade pela recepção. Um *clichê* sonoro é, em última

---

32. Abraham A. Moles, *O Kitsch*, São Paulo: Perspectiva, 1971, p. 218.

33. "O *kitsch* é uma relação do homem com as coisas, muito mais do que uma coisa, um adjetivo, muito mais do que um nome, constitui, precisamente, um modo estético de relação com o ambiente." Idem, p. 32.

34. Idem, p. 132.

35. T. W. Adorno e H. Eisler, op. cit., p. 31.

análise, a expressão amalgamada de elementos musicais e culturais característicos que funcionam em conjunto, sob uma forte imutabilidade.

A música aplicada serve-se extensivamente do *clichê* em maior ou menor medida. Por exemplo, a música de publicidade – *jingles* – é praticamente 100% *clichê*; pode no entanto apresentar alguma sensação de novidade (não de *novo*) na coordenação que estabelece entre dados culturais e sonoros já adquiridos. Já a comédia (seja de época, de personagem, de estilo etc.), o cabaré e a mímica fazem um uso importante do *clichê* sonoro como narrativa dramática. Ou seja, substituem em certa medida o emprego das palavras por construções sonoras que denotem uma época, um ambiente ou uma ação. E essa conexão pode se estabelecer na música de cena a partir de diferentes elementos como uma melodia, uma harmonia, um ritmo ou um instrumento em particular (ouça o *exemplo 12*, da pantomima de *Hamlet*).

O *clichê* agrega uma espécie de segunda pele (cultural) ao som. Por isso o seu uso é uma expressão maneirista, e dependendo do enfoque, barroquizante. De qualquer forma ao ser empregado deve sempre responder a um objetivo bastante determinado, e nunca como via mais fácil para a construção de uma narrativa sonora.

Seja como apoio, contraste ou voz paralela, a música de cena pode até, por uma maior exigência narrativa, servir-se mais frequentemente de referências que habitem o universo mediano do espectador no sentido de conduzir essa comunicação. Nesse caso, sua função limita-se a trocar em miúdos ou "metaforizar" as informações presentes em cena.

No entanto, o papel da música na criação teatral é muito mais amplo, ativo e criativo. Ele vai muito além da simples "meteorologia sonora" (… criar um clima…), é sobretudo uma forma de expressão narrativa a partir do meio sonoro.

Para a música de cena, a recepção desempenha um papel importante, uma vez que se trata de *comunicação em tempo real*. É importante que o compositor domine o máximo possível o repertório simbólico-sonoro de seu público potencial, a fim de que possa potencializar ao máximo a sua capacidade de comunicação, fazendo um uso consciente desse repertório.

A convivência constante das pessoas com a música em seu cotidiano nos dias de hoje – seja através do rádio, TV, cinema e dos *shows* musicais – se dá graças a uma classificação arbitrária diretiva que gera uma enorme, mas aparente, segmentação na recepção e consumo da informação sonora: *música erudita, música popular, rock, jazz, world music, new age, rap, blues, heavy metal, noise, rock industrial, música eletrônica, dance, techno, drum'n bass, sertanejo, bossa nova, balada, samba, pagode, música brega, música chic* etc. etc.

Apesar da aparente diversidade dessa lista, o jogo de mercado da cultura de massa busca misturar e criar zonas de diluição entre cada gênero musical, visando possibilitar uma zona comum maior de interesse mínimo com uma consequente ampliação na capacidade de consumo do ouvinte através de todos esses gêneros. Resumindo, um consumidor mediano apto a consumir os mais diferentes gêneros musicais ao mesmo tempo. Enfim, fabricando o *gosto* da época.

Essas diferenciações determinam uma percepção musical extremamente filtrada por simbologias não musicais, que dirigem a recepção do público. Dessa forma, o signo sonoro está sempre conectado a uma informação outra, contextual, que aumenta o seu potencial de exploração comercial como mercadoria.

Assim a consciência média do público e da mídia associa estilos musicais a realidades socioeconômicas, a grupos sociais e étnicos, fornecendo um extenso protocolo de relacionamento e filtragem entre música e vida social.

A música de cena encontra seu espaço, seu *outro* presente, sua sombra referente, exatamente no centro desse universo de classificação e decodificação. Esse *outro* é justamente o universo subjacente ao imaginário do espectador, que ele ativa ao assistir um espetáculo, empregando então o seu repertório cultural mais amplo. A capacidade em dialogar com esse repertório não homogêneo pode determinar, em grande medida, o grau de empatia que irá se estabelecer entre os estímulos e simbologias propostas pelo compositor e seu receptor.

ATO I

Sobre a Concepção da Música de Cena

Afinal, a partir de que dados o compositor de cena parte para a criação de sua composição?

Não há dúvida de que o nosso guia inicial é o encenador. Mas a coisa fica difícil quando o próprio encenador não tem muita intimidade e mesmo informação com relação à música e ao universo sonoro em geral.

De qualquer forma, acredito que o compositor deve possuir sempre a sua própria impressão e concepção do trabalho musical a ser desenvolvido numa encenação. Caso essa encenação parta de um texto já existente, ele deve proceder a sua leitura mesmo antes de qualquer encontro de trabalho com o encenador e sua equipe, para que possa travar um contato direto com o texto sem nenhuma mediação anterior.

Vamos, desde já, estabelecer que todo o trabalho sonoro de uma encenação deve ser construído sob uma *concepção* (que pode se apresentar sob as mais diferentes formas, como veremos adiante). E que a distinção existente no cinema entre o editor de sons e o autor da chamada "música" ou "trilha sonora" não fazem sentido no teatro contemporâneo, uma vez que até mesmo os requisitos técnicos para ambas as modalidades de manipulação sonora se encontram integradas na prática teatral, para a qual a diferenciação *ruído* e *música* é estranha e estéril. Portanto, a composição sonora deve ser concebida e tratada como um todo, reforçando a unidade da encenação (mesmo que essa unidade se expresse como fragmentariedade e montagem).

A elaboração da composição depende inicialmente do que se pode chamar de *tom* da encenação. No caso de um texto clássico, por exemplo, podemos adotar diferentes formas, e mesmo parâmetros, de abordagem. Podemos considerá-lo em sua integralidade ou promover cortes e adaptações; podemos interferir na sua localização espacial ou temporal. Ou ainda, determinar se o texto será ou não abordado de forma irônica ou crítica em relação a si mesmo; enfim, sobre quais conceitos será estruturada a encenação.

Essas informações determinam, de uma forma geral, o *tom* da encenação, que será tomado como ponto de partida por toda a equipe de criação. Por isso é preciso que ele se coloque da maneira mais clara possível.

É interessante que o compositor tenha as suas próprias ideias básicas, pois isso lhe permitirá estabelecer um diálogo criativo a respeito da proposta geral da encenação. Desse diálogo nascerá então o *tom* básico da composição, ou no mínimo, um ponto de partida seguro e pertinente.

Por sua vez, a cenografia pode também fornecer pistas importantes sobre a textura sonora e a sonorização. Ou seja, sua natureza pode interferir no planejamento acústico e sonoro. Por exemplo, se ela possui algum material predominante como madeira, ferro ou água em sua constituição; ou se baseia-se em formas geométricas, em diferentes planos de ação simultâneos etc. Tudo isso irá refletir na textura sonora de alguma forma.

No entanto é nos ensaios que se determinam (ou indeterminam...) os caminhos da encenação. Para Peter Brook "o objetivo de uma cena, a natureza de uma cena, só podem ser descobertos no processo de ensaio"[1].

Na realidade existem diferentes formas de concepção de uma encenação ou um roteiro[2], desde a maneira mais formalizada, preestabelecida, até aquela na qual um conceito de partida pode ser alterado completamente ao longo do processo de criação. De toda forma, um certo acompanhamento dos ensaios torna-se importante para que a concepção musical não perca a sintonia com a encenação.

De qualquer forma, o trabalho musical tem que começar por algum lugar. O processo de abordagem que será descrito adiante deve ser entendido como uma baliza, um procedimento através de uma sequência de pontos importantes a serem verificados e abordados, e não como uma forma, um modelo ou um procedimento fechado, determinístico.

Inicialmente, procure fazer uma *decupagem* da peça (texto ou roteiro) como um todo:

1. estabelecer o *onde* e *quando* (espaço *x* tempo), ou seja, as conhecidas unidades aristotélicas de *lugar* e *tempo*;
2. resumir as *situações* da trama mais importantes, a unidade de ação aristotélica;
3. identificar as *personagens* principais e secundárias buscando suas características básicas, assim como as inter-relações que se estabelecem na trama;

---

1. *O Ponto de Mudança – Quarenta Anos de Experiências Teatrais*, Rio de Janeiro: Civilização Brasileira, 1994, p. 68.

2. "Roger Gross, em *Understanding Playscripts* (A Compreensão dos Roteiros Teatrais, 1974), distingue entre o drama (gênero artístico e espécie literária), a peça (tipo de ocorrência) e o roteiro teatral (notação simbólica na qual se baseia um certo tipo de peça)", Marvin Carlson, *Teorias do Teatro*, São Paulo: Ed. Unesp, 1997, p. 468.

4. relacionar os diferentes *espaços* onde as ações se desenvolvem, a fim de estabelecer a natureza acústica desses espaços;

5. procurar referências a *eventos sonoros* no próprio texto, seja em rubricas, nos contextos sonoros dos espaços indicados, nas ações das personagens etc.

Esses procedimentos buscam estabelecer uma espécie de planta baixa dos elementos em jogo, seus níveis de inter-relação e grau de importância.

Esse rascunho foi decisivo, por exemplo, na escolha da instrumentação para a música de *Os Espectros*[3] de Ibsen. Essa escolha foi guiada em grande parte a partir de dados da cenografia, bem como a partir da cor predominante no cenário e nos figurinos.

A cenografia foi construída em sua quase totalidade com madeira marrom escura, o que reforçava o ambiente pesado e opressivo da mansão de Helena Alwin.

Esse suporte me sugeriu, num primeiro momento, a ideia de utilizar instrumentos construídos também à base de madeira, criando assim um paralelo no material a ser empregado, a madeira. Minhas opções eram, portanto, os sopros, cordas e percussão. De um lado, o clarinete, o oboé e o fagote eram instrumentos leves demais, por serem aéreos, para dar conta das necessidades dramáticas; e de outro, a percussão era estranha ao ambiente e época propostos, uma vez que se tratava de uma encenação de época. Decidi-me então por um quarteto de cordas.

Dessa forma, pude reforçar, já na instrumentação, o ambiente criado e proposto pelos demais elementos em cena. Essa formação instrumental carrega um universo de referencialidade adequado à moldura dramática que a encenação buscava criar. Ela sugere aristocracia, mas também decadência. Formalidade, mas também emotividade. Voz em conjunto, e voz individual.

Já para *Calígula*[4] de Albert Camus, foi uma *característica importante da personagem-título* que direcionou a escolha da instrumentação.

Calígula, uma personalidade de extremos, capaz de uma violência assassina, mas também de um lirismo autista e delirante; juiz da vida e da morte, amante de homens e mulheres: "já que tudo em mim assume a forma do amor!". Enfim, uma personagem de várias faces, mutante, e de certa forma *andrógina*.

A partir dessa característica básica: convivência de opostos (violência/lirismo; pansexualismo etc.), busquei instrumentos musicais que tivessem também essa capacidade de contemplar extremos no timbre, tessitura e volume, para neles basear a instrumentação da composição.

3. *Os Espectros* de Henrik Ibsen. Direção de Emílio Di Biasi. Estreada em junho de 1985 no Teatro Domus, São Paulo.

4. *Calígula* de Albert Camus. Direção de Djalma Batista Limongi. Estreada em dezembro de 1991 no Teatro Sérgio Cardoso, São Paulo.

Assim como a encenação se utilizava de elementos de época – no caso, Roma Antiga –, na cenografia, figurinos e em imagens projetadas em vídeo procurei estabelecer um *paralelo na concepção sonora* ao escolher instrumentos de sopro – que formavam a base da prática musical na era romana (cornes metálicos) – para a execução dos temas principais.

Na família dos sopros, os instrumentos com tessitura mais ampla, maior homogeneidade timbrística (uma espécie de androginia de registros) e controle de volume são o clarone (clarinete baixo) e a trompa. Esses instrumentos são capazes de alcançar de frequências graves às razoavelmente agudas. O espectador os referencia – especialmente a trompa – como símbolos tanto do ímpeto militar como da doçura lânguida do romantismo sinfônico; são portanto capazes de incorporar, eles mesmos, universos referenciais de natureza contrastantes.

Como veremos mais adiante, o compositor de música de cena não deve descuidar das referências que provoca no espectador a cada escolha, seja de instrumento, ritmo, melodia, voz etc.

O *exemplo 2* é uma pequena variação para clarone solo sobre o tema da personagem Calígula, onde é explorada a amplitude do registro do instrumento.

Em *Anjo Negro*[5] de Nelson Rodrigues, a trama se desenvolve a partir do negro Ismael, que não aceita a própria cor. Ele quer ser branco. Torna-se médico (veste-se de branco), ascende socialmente e casa-se com uma mulher branca, Virgínia, depois de estuprá-la. Ela, por sua vez, mata todos os filhos negros do casal.

Nelson Rodrigues, em texto no programa de estreia da peça, acentua que "a ação se passa em qualquer tempo, em qualquer lugar"[6]. Portanto, deve-se evitar qualquer elemento que localize a ação no tempo e espaço, bem como referências a contextos determinados, uma vez que as questões abordadas dizem respeito à condição humana de uma forma geral. A peça foi concebida como uma "Tragédia em 3 atos", e faz uso de elementos estilísticos da tragédia, como o coro – "das pretas descalças" – e a corifeia.

Em *Anjo Negro*, a questão do racismo é secundada por outros temas como fidelidade, adultério, incesto e relações familiares (o eterno tema rodriguiano). A peça se estrutura a partir de vários jogos de claro/escuro: mulher branca de roupa preta/homem preto de roupa branca; menina branca/cega; homem branco/cego.

Tomando como pontos de partida a indicação do autor quanto à não localização no tempo e espaço e o tema principal que conduz a trama – o racismo –, surgiu então a ideia de se criar uma música que abordasse o samba (referência à identidade cultural negra, negada por Ismael), mas com um tratamento sonoro diferente, que não explicitasse o ritmo a ponto de ser reconhecido como tal, e

---

5. *Anjo Negro* de Nelson Rodrigues. Direção de Ulysses Cruz. Estreada em junho de 1994 no Teatro Nelson Rodrigues, Rio de Janeiro.

6. *Teatro Completo de Nelson Rodrigues*, volume 2: "Peças Míticas", 3. ed., Rio de Janeiro: Nova Fronteira, 1981.

com um timbre que também despistasse a possibilidade de localização geográfica da ação. Enfim, uma música que estivesse no limite entre o reconhecimento de seu universo de referência estilístico e cultural e o estabelecimento de uma construção sonora abstrata.

A partir de algumas células rítmicas características do samba, operei uma desconstrução rítmica até o limite de reconhecibilidade. A sonoridade do piano preparado[7], por tratar-se de um instrumento estranho à prática tradicional do samba, mas também percussivo, desempenhou uma espécie de ponte paródica em relação à instrumentação tradicional do gênero, ou seja, os tambores, cuícas e agogôs.

Dessa forma, a música de *Anjo Negro* não se reporta diretamente ao gênero musical, mas recria certas propriedades do samba, para com isso realçar o conflito vivido por Ismael sem localizá-lo no tempo e no espaço, *exemplo 3*.

Neste último caso, a concepção da música buscou um universo paralelo (mas latente) ao texto original, inserindo um dado novo. A rubrica do autor foi relativizada, uma vez que era interessante manter uma certa indefinição quanto a localizá-la no Rio de Janeiro, e com isso agregar certas conotações que essa associação estabelece. Mais rico do que uma "imitação respeitosa", *ipsis literis* da proposição rodriguiana. De qualquer forma, quanta mediocridade e preguiça se escondem sob o argumento da "fidelidade" com o "texto original". A encenação encontra sua razão de ser quando injeta tempo e espaço, enfim, história, a um texto dramático.

Portanto, não se trata de apenas limitar-se a fazer um levantamento geral do que já está presente no texto e na ideia inicial de encenação; mas também de estabelecer relações, novas relações, recorrendo, quando necessário, a universos correlativos na tradução sonora da proposta de encenação.

Os *espaços* da ação cênica (item 4, do esquema de decupagem) também fornecem pistas para a concepção musical, na medida em que a eles se relaciona a *cor*, *textura* e peso sonoros, em suas dimensões físico-acústicas.

Em *Os Espectros*, por exemplo, toda a ação se desenvolve no interior de uma sala numa mansão sombria. A intenção de reforçar essa claustrofobia não combinaria com muitas alterações em termos de textura, efetivo instrumental e tipo de reverberação do espaço acústico; uma vez que o objetivo era criar uma *complementação sonora do espaço cênico*, na qual o espaço acústico reproduz fielmente as características apresentadas no espaço cênico.

Uma opção oposta seria estabelecer uma *diferenciação* entre espaço acústico e espaço cênico. Por exemplo, uma cena que se desenrola num salão imperial – onde se observa uma reverberação longa do som no espaço – sendo sonorizada

---

7. O piano preparado foi inventado pelo compositor norte-americano John Cage (1912-1992) e consiste na inserção de borrachas e parafusos entre as cordas do piano em diferentes lugares, alterando o tamanho das cordas e mudando as frequências e timbre do instrumento, que soa com o colorido de uma pequena orquestra de percussão (gamelão balinês).

por sons secos, frontais, de curta reverberação e sem profundidade – como o riscar de um fósforo ou o cochicho de um segredo – característicos de um espaço fechado, pequeno. Ou ainda por sons reconhecíveis pelo espectador como pertencentes a outros espaços, tanto a nível geográfico como semântico: como o som de água escorrendo por um chuveiro, grunhidos eróticos etc.

Combinando apenas as informações levantadas nos itens 1. e 5. da decupagem – os dados de espaço e tempo somados às rubricas do texto e às ações – já é possível conceber uma leitura do plano geral sonoro para *A Dama do Mar* de Ibsen, por exemplo. Ao longo de todo o texto, a personagem principal – Ellida – vive a expectativa do retorno por mar de um antigo amor.

Nesse caso a localização geográfica ("a ação passa-se no verão, numa pequena estação balneária, à margem de um fiorde, na costa setentrional da Noruega"[8]), e inúmeras rubricas, como: "o lugar é úmido e pantanoso..."; "ouve-se ao longe a badalada da partida [do navio]"; e a rubrica do final, "o grande navio afasta-se sem ruído. A música aproxima-se", compõem um amplo ambiente marinho que envolve toda a história e oprime Ellida à espera do Estrangeiro, ou seja, um universo de referência importante para a criação sonora.

Importante de qualquer forma, caso se procure reforçar esses dados, ou caso se deseje criar um contraponto sonoro com relação a esse ambiente marinho. Processando esses dados de forma *positiva* ou *negativa*.

Tomando-os como ponto de partida, são possíveis diferentes caminhos:

- *alusivo* – sons instrumentais que se inspiram no movimento de vai-e-vem do mar etc. Simbolismo sonoro.
- *materializado* – usando sons relativos ao universo marinho sem manipulação ou qualquer processamento ou edição. Tocado "em tempo real", conforme a tomada de som original.
- *referencializado* – manipulando, processando e editando sons originais retirados do ambiente marinho (sons de ondas quebrando, canto de pássaros, apito de navio etc.). Reelaborando a realidade, o que não deixa também de ser uma forma de simbolismo sonoro.
- *descontextualizado* – material sonoro que não faz nenhuma referência aos dados originais do texto, provocando um afastamento e consequente elaboração de um espaço sonoro autônomo.

Estes caminhos podem ser complementares e combinados, propiciando o estabelecimento de vários *pontos-de-escuta*, assim como uma escala gradativa de afastamento ou aproximação em relação aos dados fornecidos pelo texto.

8. Henrik Ibsen, *Seis Dramas*, Porto Alegre: Globo, 1960, p. 397.

Como já vimos, as opções existem no âmbito do reforço, contraste ou voz paralela.

A partir daí o compositor pode desenvolver os conceitos de sonorização do espaço. Como por exemplo envolver a plateia através de vários pontos de emissão sonora que ao longo do espetáculo emitem determinadas sonoridades repetitivas, à maneira do movimento do mar etc.

É importante reafirmar que a música de cena deve compor uma totalidade. Ou seja, a partir de um plano geral os diferentes procedimentos como *paródia, citação, ilustração* (reforço) dos eventos cênicos devem estar integrados à curva geral dramática da encenação. A opção pelo uso desses procedimentos deve ser determinada por um plano geral, que irá posicionar, ao longo da composição, os *momentos de paródia, de reforço, de sátira* etc., para que esses procedimentos não se banalizem com eventuais repetições.

Momentos pontuais (como cenas em que personagens cantam ou tocam) podem ser alcançados por meio de uma preparação sonora na cena anterior ou ainda por alguma forma de continuidade nas cenas seguintes, de forma que não se descolem da textura global. Um dos procedimentos mais eficientes nesse sentido é a utilização recriada de um mesmo material sonoro – usado num momento ápice ou marcante – em outras inserções, como peças/curinga da composição.

Assim como o encenador elabora o seu mapa com a curva dramática da encenação, o compositor de cena também cria o seu próprio mapa de eventos, timbres, temas e durações. Após decidir pelos elementos a serem utilizados, como temas específicos para determinadas *personagens, espaços* e *situações*, instrumentação e identificação de determinadas cenas-chave, é possível obter-se uma visão da grande forma da composição, prevenindo entre outras coisas a repetição redutora de um mesmo procedimento.

Sobre Tempo, Velocidade e Continuidade entre Som e Cena

> *É na vida que "matamos o tempo"; no teatro,*
> *o tempo é que nos mata.*
>
> ERIC BENTLEY

A relação que se estabelece entre o *tempo real cênico* e o *tempo musical* é um fator de extrema importância na concepção e estruturação da música de cena. Uma cena pode ser de longa duração em termos de tempo real, mas fugaz em termos do *continuum* da percepção. Por exemplo, quando ela se constrói a partir de eventos muito curtos repetidos por um longo tempo. Aí, observa-se uma construção paradoxal da temporalidade: eventos curtos/longa duração.

O contraponto entre essas duas grandezas temporais é que estabelece o tempo teatral e a velocidade da cena. A música, captando esse movimento, vai contribuir com a sua informação específica; seja por contraste, com uma música marcadamente linear para uma cena fragmentária; seja por complementação, buscando estabelecer movimentos de sincronia em relação aos eventos no palco; ou ainda combinando e alternando ambas as formas.

A música ocidental dos últimos quatrocentos anos tem se organizado a partir da construção causal do discurso, ou seja, ela se estrutura a partir da conexão de unidades que se organizam em blocos e seções para criar uma totalidade. Dessa forma, articula formantes e seções como: motivo, tema principal e secundário, introdução, período temático, desenvolvimento, variação, imitação, refrão etc.

Essa segmentação é inevitável, uma vez que seu discurso baseia-se numa construção teleológica que direciona a articulação de seus elementos. No entanto, o tempo teatral não compartilha desse tipo de elaboração causal das ideias. É um ponto de síntese, como assinalava Brecht com relação ao seu teatro épico, e "um lugar de exposição favoravelmente situado", como colocou Walter Benjamin.

Assim, os parâmetros tradicionais de construção musical funcionam limitadamente, bem como amarram desfavoravelmente o compositor de cena. O caráter multidisciplinar do signo teatral – imagem, palavra, movimento, som – exige um tipo de atenção compartimentada do espectador que se orienta por polarizações. Portanto, é inevitável que se estabeleça uma hierarquização no material empregado.

A retórica musical – herdada da linguagem verbal – da introdução, estrofe, refrão, recapitulação de período etc., expressa de forma compartimentada o devir temporal do evento teatral que é fluido, contínuo; dessa forma a linguagem musical precisa encontrar os meios e procedimentos adequados para interagir como um elemento a mais na polarização cênica.

O encenador Peter Brook destaca a ideia de *incompletude* como fator importante na constituição do elemento presente no jogo cênico. Ou seja, os elementos componentes da cena – texto, cenografia, figurino, sons, gestos e imagens – se completam em interações momentâneas e transitórias.

Para a música de cena a ideia de *incompletude* também é essencial. Pois, caso a informação sonora apresente ao mesmo tempo uma malha complexa de significados, movimentos e níveis de intensidade dramática relacionados à cena, estará polarizando demais a atenção em torno de si e despregando-se dos demais elementos cênicos.

Esse conceito reforça a ideia de que os elementos na cena devem ser regidos por uma partitura global, um plano geral que abranja a sua totalidade. Pois quando a motivação e o sentido de existência da música são as suas próprias relações internas, ela isola o material sonoro em seu próprio universo, encerrando-o em sua lógica interna.

Na prática, essa ideia de incompletude na música afasta o compositor da retórica expositiva do tipo introdução/apresentação, tema/desenvolvimento e/ou variação, tema/recapitulação/resumo (coda) etc. A música deve dar uma resposta mais imediata sobre o sentido de sua existência temporal, adotando uma estratégia de intervenção mais pontual, sintética.

Por exemplo, o efeito da imitação melódica se atenua quando empregado na música de cena, uma vez que se encontra inserido num contexto com vários estímulos simultâneos e de naturezas, ciclos e velocidades diferentes.

Isso não significa que está abolido o sentido de *forma* na música de cena. Muito pelo contrário, ele é ainda mais importante nesse ambiente complexo que comporta diferentes linguagens.

Portanto, se a essência do material musical reside em relações internas muito complexas, como imitações melódicas, inversões contrapontísticas ou desenvolvimento de vários temas simultâneos, ele exigirá demasiada atenção por parte do espectador, que terá o seu foco de atenção atraído fortemente para uma parte do todo cênico.

Tecnicamente, trata-se também de uma questão de construção do tempo/espaço sonoro.

Uma música que opera com muitos planos de sobreposição espacial, como fundo, zonas intermediárias, frente etc., concorre na percepção do espectador com a própria arquitetura espacial do cenário e da movimentação cênica dos atores, tornando mais complexo o reconhecimento e a localização espacial da ação.

Sendo o teatro a arte da "não permanência"[9], é ao longo do espetáculo – em tempo real – que o espectador irá receber de uma vez, concentrada, toda essa carga de informação.

Por outro lado, a ideia de interrupção do fluxo cênico através da música é um dos fundamentos do teatro épico brechtiano, "nela consiste a função formal das canções com seus estribilhos rudes", que busca envolver o espectador de forma mais racional e analítica na experiência teatral[10].

O teatro de Robert Wilson, por sua vez, busca exatamente o contrário, ou seja, a construção de uma totalidade temporal fluida e original a partir de fragmentações, ciclos e repetições não lineares.

Esta é uma questão complexa. Poderia se perguntar, "o que é uma música de cena?". Ou ainda, "o que difere então uma música de cena da música pura?". Partindo-se da ideia de que a música cênica trabalha com uma construção interna menos complexa e *incompleta* (no sentido de um elemento a mais na percepção global do fenômeno teatral), observemos duas situações sonoras opostas que nos ajudam a, se não responder às perguntas levantadas, ao menos propor parâmetros técnicos.

No *exemplo 4*, a textura sonora vai se compondo em camadas à medida que vão se sobrepondo as linhas melódicas imitativas (fuga invertida), tornando o

9. Peter Brook, *The Empty Space*, London: Penguin Books, 1968, p. 144.

10. Walter Benjamin, *Tentativas sobre Brecht* (Iluminaciones III), Madrid: Taurus Ediciones, 1975, p. 19.

espaço sonoro cada vez menos reconhecível e intrincado, exigindo portanto maior concentração na escuta.

Essa complexidade musical direciona fortemente o ponto de atenção do espectador para dentro da música, que deveria colocar-se como parte da informação a ser transmitida no todo cênico. Assim, em vez de integrar e concentrar, esse tipo de construção sonora desconcentra.

Pode-se retomar aqui o conceito barroco de ponto-de-fuga. Pois uma construção musical que direciona para o seu núcleo – espaço sonoro interno de conversação, imitação e contraposição – a essência de sua razão temporal, provoca um efeito de escuta côncava, autorreferente e que estabelece por completo sua espacialidade no tempo, cria um espaço dentro e um fora. Isto é, ou se escuta por dentro, ou se está fora.

Nesse sentido, a *transparência* na informação sonora é essencial para a música de cena, para que ela crie um espaço aberto de diálogo com os outros elementos. Para que não se isole, concebendo totalmente o seu espaço no tempo. O ouvinte ouve através da música, bem como ouve através das palavras e vê através da imagens, dos gestos e dos objetos no jogo teatral.

Isso não significa que a música deva ser simplificada, banalizada ou chapada, sem jogo polifônico ou profundidade; mas que sua textura deve estar ligada estreitamente à sua função na cena teatral, de forma clara e imediata.

Em favor dessa *transparência* deve-se evitar o uso de elementos ornamentais desnecessários. Elementos exclusivos da retórica da música pura. No caso da utilização de elementos estilísticos, devem ser apresentados como elementos ordenadores e polarizadores, nunca decorativos ou banalizantes. É em torno desses elementos ordenadores que se explicita a função de inserção sonora. Assim como o encenador busca palavras-chave que sintetizem o sentido de uma fala, cena ou ato, o compositor deve estabelecer claramente quais são os elementos-chave em sua construção sonora.

Dessa forma a construção sonora orienta-se por uma intenção objetiva do compositor em relação à narrativa principal. Como observou Stravínski "a forma musical é o resultado da 'discussão lógica' dos materiais musicais"[11].

Deve-se ainda levar em conta, na construção da espacialidade musical, a disposição da emissão sonora no espaço cênico. Ou seja, dependendo dos objetivos a serem alcançados, a sonorização pode envolver fisicamente em maior ou menor grau o espectador: de trás para frente, de cima para baixo, dos lados para o centro etc., criando uma verdadeira dramaturgia da sonorização. Este tema será abordado mais adiante quando entrarmos propriamente nessa questão técnica.

11. Igor Stravinski e Robert Craft, *Conversas com Igor Stravinski*, São Paulo: Perspectiva, 1984, p. 13.

De qualquer maneira, acredito que a própria concepção do material sonoro deve ser simultânea à concepção do espaço cênico e sua sonorização.

Mas então quais são os procedimentos necessários para que a construção musical esteja mais capacitada para o diálogo cênico?

O primeiro passo é abandonar as *formas* e *fórmulas* das técnicas de composição tradicionais como pressupostos de partida, como dados *a priori*. Esses repertórios devem ser considerados como uma ferramenta a mais à disposição do compositor de cena, pois acrescentam uma importante referência de historicidade, muito útil quando a intenção for justamente lançar mão desse universo, ressaltando seu emprego como elemento estilístico ou paródico.

Ganham também importância para o compositor de cena os conceitos de *paisagem sonora* e *intervenção*.

A ideia de *paisagem sonora* comporta um desenrolar de eventos sonoros mais ou menos homogêneos e com uma constância mais ou menos estável.

Ela cria uma ambientação sonora, sem relação interna de causalidade, fixidez móvel, assim como quando se observa uma paisagem através da janela de um trem.

Essa forma de textura sonora, utilizada amplamente no cinema e na música para dança, é cada vez mais frequente na cena teatral, influenciada pelas linguagens não verbais na busca de um descondicionamento do tempo da palavra. Já na linguagem musical, tem algum parentesco com a concepção de Richard Wagner da melodia infinita, que se contrapunha ao repartimento temporal da ópera tradicional, extremamente hierarquizado em aberturas, árias, recitativos, rondós etc.

Pode-se também estabelecer uma metáfora entre *paisagem sonora* e cor sonora. Uma textura mais pesada, densa, escura, caracteriza-se pela dificuldade na identificação individual de seus elementos. E texturas mais leves, transparentes, em que é possível ouvir *através* e perceber com clareza cada um de seus elementos sonoros.

É claro que esse tipo de metáfora é usado mais como pista auxiliar no diálogo entre encenador e compositor, que como conceito técnico.

A *paisagem sonora* é uma forma de textura sonora que embute a ideia de que o sentido de totalidade vai se construindo passo a passo, cena a cena, pelo espectador, assim, ao usar texturas sonoras marcadamente originais, facilita-se a sua memorização e a capacidade em relacioná-las.

Seus parâmetros não se relacionam a uma técnica de composição específica. O que não significa que não faça uso de elementos de diferentes contextos.

Em vez de cadências e desenvolvimentos harmônicos, variações melódicas, séries, esquemas numéricos, ápices, metros rítmicos, *crescendos*, a estrutura básica da *paisagem sonora* baseia-se numa estabilidade de textura, seja através do uso de um número restrito de timbres (cores), seja pela pontuação por eventos que se repetem em ciclos regulares, *exemplo 5*; irregulares, *exemplo 6*; ou combinando ambos, *exemplo 7*.

O *exemplo 5*, *figura ii*, apresenta uma frase musical que se repete sobre uma mesma base intervalar, rítmica e timbrística. A repetição desse material após algum tempo gera redundância, convidando o ouvinte a buscar outros pontos de atenção, que podem estar na ação cênica, uma vez que a música abriu um espaço de diálogo. Essa é a função básica da *paisagem sonora*, que também nos remete à ideia de *incompletude* apresentada anteriormente.

A música do *exemplo 5* foi criada para uma cena de *Édipo Rei* onde Édipo e Creonte discutem sobre a governabilidade de Tebas argumentando segundo os seus próprios interesses. É uma cena de tensão crescente, mas camuflada por um cinismo estratégico. A música, através de sua linearidade e circularidade – sem picos ou acentuações dramáticas –, procura estabelecer um contraponto em relação à curva dramática ascendente da cena, abrindo assim espaço para que o texto – foco principal – emerja como ponto de atenção principal.

A extrema frieza das personagens nessa cena é, dessa forma, acentuada pelo material musical através do uso de intervalos de baixa resolução tonal como as segundas maiores e menores, que embaçam a entonação; pela composição agregada do timbre que combina saxofone soprano, flauta *block* baixo, vibrafone e celesta; por uma certa relutância nos ataques; e, por fim, por uma combinação alternada e não direcionada de saltos ascendentes e descendentes, que impedem um desenho muito claro da curva melódica.

Essa sensação de estaticidade completa-se ainda com uma espécie de movimento mecânico – causado pela repetição sem conclusão cadencial da frase musical e por uma estrutura rítmica fixa, que comenta musicalmente "o velho realejo da história" na interminável luta do homem pelo poder.

Já o *exemplo 6* oferece uma textura sonora rica em elementos e pequenas variações, móvel em sua fixidez, misturando o que se convencionou chamar de "sons musicais" e "ruídos", tangenciando a chamada sonoplastia.

Essa diferenciação é mais um tabu a ser superado pelo músico de cena, cuja situação se aproxima muito da definição de compositor dada por Edgard Varèse: "organizador de sons".

Para o compositor de cena todo evento sonoro usado ao longo da encenação é, *a priori*, indiferenciado qualitativamente, já que de uma maneira ou de outra trata-se sempre de um elemento de intervenção na narrativa cênica.

No *exemplo 6*, a *paisagem sonora* se constitui a partir de um pedal grave de órgão que mantém um *ostinato* sobre um mesmo som com pequenas variações de velocidade que acentuam o caráter vivo e não mecânico de sua repetição rítmica. Esse pedal é secundado por um trêmulo contínuo de prato suspenso (gravado com a fita em direção invertida), que pontua o órgão com alguns ápices irregulares, criando o seu próprio ciclo.

Figura II

Sobre essa base contrastada – gravíssimo no órgão e agudíssimo no prato –, um piano, gravado em rotação alterada, apresenta algumas células melódicas curtas e irregulares (acordes, sequências melódicas etc.) num desenvolvimento não linear desses elementos na região grave. Na parte final, o vibrafone interfere com uma nota aguda repetida, criando uma oposição de registro com relação ao piano, que precipita a finalização.

Simultaneamente aos ciclos irregulares do órgão, do prato suspenso e do piano, a sonoridade se complementa com um elemento não instrumental: galhos de árvore são usados como uma espécie de chocalho, criando um "ruído" na textura musical. É importante destacar que esses galhos não são tocados "musicalmente", ou seja, como um instrumento de percussão com esquemas rítmicos proporcionais. Eles soam mesmo como galhos pisados e chacoalhados, enfim acrescidos de uma "teatralidade sonora".

Essa combinação de elementos "musicais" e "não musicais", de intencionalidade e pseudonaturalismo, é um exemplo de construção sonora cênica e da temperatura "psicológica" do som, que contém elementos de ligação direta com a ação cênica propriamente dita, na qual Jocasta celebra uma oferenda aos deuses em meio a arbustos e envolta em expectação ritual:

> Nobres de minha terra! Tive a inspiração
> de visitar os altares dos deuses,
> levando nas mãos um ramo de flores
> e oferendas de incenso. O grande Édipo
> deixa-se conturbar em demasia
> com alarmas de múltiplas espécies.[12]

Apesar da irregularidade e da diversidade dos elementos, estabelece-se uma homogeneidade no tratamento da textura e na velocidade interna que não interrompe uma certa continuidade na percepção, característica na *paisagem sonora*.

No *exemplo 7*, a partir de uma base contínua de cordas irrompem dois tipos de eventos em ciclos de tamanhos diferentes, a frase rápida das cordas e a sequência rítmica do bongô, ora em sincronia, ora fora de sincronia. Esses formantes não se modificam internamente, apenas a relação temporal entre eles e a base contínua das cordas é que se altera. Essa movimentação sobre uma base estática cria o elemento de diferenciação interno na composição, que ainda assim mantém suas características cíclicas.

Os dois exemplos anteriores têm em comum o tratamento do tempo musical, com a não utilização de figuras rítmicas muito características e diferenciadas, como notas pontuadas seguidas por valores simples, pausas irregulares

---

12. Sófocles, *Édipo Rei*, tradução de Geir Campos, Rio de Janeiro: Civilização Brasileira, 1977.

etc. Esse tratamento estabelece uma espécie de planificação do *continuum* temporal, influenciando no tempo e na velocidade interna da cena – cuja ação pode ser complementar ou contrastante – e não intervindo pontualmente nela.

Em resumo, a textura de uma *paisagem sonora* se constitui de forma geral a partir das seguintes características:

a. *número limitado de timbres;*

b. *não utilização de seções internas,* como introdução, refrão, coda etc.; continuidade nos formantes;

c. *células que se desenvolvem em ciclos regulares e/ou irregulares, mas sem alterações no sentido da velocidade do todo;*

d. *planos sonoros bem determinados,* ou seja, cada elemento sonoro ocupa na mixagem um espaço diferente: frente, fundo, esquerda, direita, agudo, grave etc.;

Outro conceito importante para a música de cena é o de *intervenção* do evento sonoro na cena. Na prática existem basicamente três formas de intervenção do som na cena:

1. como comentário direto ou paralelo, soando em volume baixo (*background*), simultâneo ao texto falado.

2. como introdução, pontuação ou finalização de cena. Nesse caso, a intervenção estabelece um espaço interno (da cena) e externo (do som que pontua), desempenhando diferentes funções na narrativa. A introdução tem a função de estabelecer o *tom* da cena que se inicia ou comentar o final da cena anterior. A pontuação pode se dar por meio do uso de temas, *leitmotive* das personagens ou vinhetas curtas motivadas diretamente por algum evento cênico: uma situação, um gesto, uma troca de luz, um efeito especial, um movimento coreográfico. A intervenção na finalização da cena tem basicamente as mesmas funções da introdução, ou seja, pode tanto se relacionar com a cena que termina, como estabelecer uma ponte em relação à cena que se segue. Essas pontuações de passagem coincidem geralmente com uma mudança de cenário, situações, ou introdução de personagens. São interrupções que podem ocorrer no escuro (*blackout*), onde a música chama para si o foco principal de atenção.

3. cenas sem texto, com dança, movimentação cênica ou pantomima. É importante que a música desse tipo de cena esteja integrada ao todo da composição. Isto é, ao ocupar o foco principal, pode ser empregada como intervenção unificadora, evitando o uso de sonoridades muito diferentes (como instrumentos e ritmos não usados em nenhum outro momento) do material já empregado nas demais cenas.

A primeira forma, onde o som se coloca ao fundo – o popular BG (*back--ground*) – requer alguns cuidados na sua composição. Primeiro, o tipo de sonoridade deve funcionar tanto em volume alto como baixo; ou seja, não pode conter muitas variações na dinâmica interna nem mudanças radicais de timbre que não resistam a uma mudança de volume, como por exemplo uma música que contenha uma mudança entre tambores ritmados e uma flauta solo suave. Mais uma vez a homogeneidade na textura sonora facilita a convivência simultânea entre música e palavra falada.

No *exemplo 8*[13], *figura III*, uma cena de banquete entre Calígula e os senadores romanos, a uniformidade do timbre (*glockenspiel* e marimba) e a circularidade da linha melódica suportam tanto uma execução em volume alto como baixo sem que haja perda da definição sonora. Teste essa alteração de volume em seu próprio equipamento de som.

A segunda forma, como introdução, pontuação e finalização, pode ser usada como um meio para a obtenção de unidade na composição global. Esses procedimentos estão relacionados aos critérios que estabelecem a escolha dos instrumentos e dos sons, como veremos mais adiante.

No caso de passagem entre cenas, o compositor deve estabelecer se o foco mais importante para a continuidade narrativa se refere à cena que termina ou à que se inicia, para daí então direcionar a sua intervenção sonora.

Quanto mais simples for o elemento sonoro, como uma batida de tambor por exemplo, maior a necessidade de sua repetição ao longo do espetáculo para que possa assumir uma função na narrativa sonora. Ao ser usado apenas eventualmente, sua intervenção resume-se à função de efeito localizado. Ao ser enfatizado, por seu fácil reconhecimento e memorização, torna-se um ponto de referência importante no diálogo entre a música, a narrativa dramática e a recepção.

Ele pode também ser concebido em diferentes velocidades – do lento ao rápido – com um número maior ou menor de batidas, alterando o seu *tonus* de incisivo a relaxado; possibilitando assim um espectro amplo de variações da ideia sonora, o que favorece seu emprego em várias cenas diferentes ou cortes, *exemplo 9, figura IV*.

Na terceira forma, a música assume o primeiro plano e a responsabilidade na continuidade da narrativa, seja dando prosseguimento à trama principal (passagem do meio verbal para o meio sonoro/gestual), seja estabelecendo uma *interrupção*.

Com relação à continuidade da narrativa, veremos mais adiante alguns procedimentos principais, entre eles a paródia.

Já a *interrupção* pode se dar em conjunto com uma movimentação gestual dos atores, dança coreografada, imagens projetadas, ou com tudo isso ao mesmo tempo.

---

13. De *Calígula* de Albert Camus.

Figura III

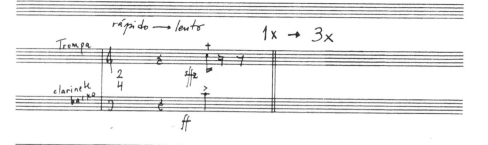
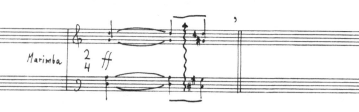

Figura IV

A interrupção da narrativa verbal com dança na ópera europeia remonta ao século XVII com a *masque* – onde música, texto e cenário tinham o mesmo grau de importância; mas ela ganha importância na forma musical a partir das óperas-balé de Jean-Baptiste Lully (1632-1687), nos domínios da corte de Luís XIV, que estabeleceram uma nova tradição que se desenvolve até os dias de hoje. Certas vezes, Lully encenava suas óperas-balé ao ar livre nos jardins de Versalhes, com músicos espalhados, tocando sobre árvores, empregando novas disposições espaciais para o conjunto instrumental.

Com os novos recursos de *mise-en-scène* do teatro contemporâneo – que incluem projeções de imagens em tela, tridimensionais, holográficas –, a música de cena passa a incorporar também procedimentos usados na música de cinema, atuando também como suporte de imagens sobrepostas à realidade física do palco. Na prática, essa mudança amplia o espaço do som na encenação teatral, tanto na liberdade de sua construção como na amplitude de utilização dos volumes de emissão.

Como já foi colocado, é importante que se mantenha a unidade sonora e musical ao longo da encenação. Esse tipo de cena – sem texto, com dança ou movimentação cênica – pode ser aproveitado para *amarrar* as ideias musicais já utilizadas (um pouco à maneira da abertura na ópera clássica e romântica), e as ideias que serão desenvolvidas. Isso pode se dar a partir de uma célula temática, um timbre ou mesmo um ritmo marcante, retirados do todo musical.

Na encenação de *Calígula* as imagens de guerra, de conquista – fundidas a um perfil de Calígula – eram projetadas em vídeo por três grandes telas, complementadas pela presença física da personagem no palco. A música dessa cena, *exemplo 10*, assume características de música de cinema pela textura contrapontística, necessidade de emissão em volume alto (que não seria compatível com o texto falado) e pela adoção de dois *pontos-de-escuta* diferentes:

1. à imagem do perfil de Calígula corresponde o som de respiração ao fundo;
2. às imagens de exército e batalha corresponde a música executada pelo conjunto instrumental.

Ainda no contexto da terceira forma, a música pode também ser usada para acentuar uma situação e mesmo uma sequência dramática dentro da narrativa verbal, estabelecendo uma espécie de interrupção no fluxo dessa narrativa.

A música do *exemplo 11* foi escrita para a cena em que Calígula obriga um senador a engolir um frasco de veneno. O caráter patético da situação é realçado por um *ostinato* de marimba e trompa com notas repetidas que sugerem um certo suspense (repetição em sequência de um módulo melódico instável harmonicamente), *figura v*. No instante em que Calígula derrama o conteúdo do frasco na garganta de Mereia, a trompa engasga uma nota com um movimento brusco na surdina (ataque/fechada, ressonância/aberta), compasso 21. Em seguida,

Figura V

* RODA METÁLICA DE AUTOMÓVEL.

a morte agonizante de Mereia é pontuada por uma sequência de sons longos e graves no clarone, compassos 23 e 24. Essa cena foi construída (coreografada) a partir da música, o que exigiu dela a expressão clara das intenções narrativas.

A percepção da velocidade do tempo cênico é resultado da soma de vários vetores simultâneos. A percepção da realidade temporal cênica é por definição irregular, descontínua e não periódica. Ela é a combinação envolvente de sinais objetivos e subjetivos que trocam polarizações frente a atenção multissensorial do espectador, que ora se prende a um gesto, ora a uma palavra ou a uma luz. Portanto, a construção de um ritmo musical muito marcado, estável, periódico – geométrico –, no qual é possível reconhecer claramente um metro-padrão musical (marcha, valsa etc.), ou ainda a mão operante do compositor, é uma violência em relação ao sempre cambiante ritmo cênico. Por outro lado, quando a intenção for criar uma contraposição de tempos, esse é, sem dúvida, um procedimento técnico eficaz.

Mas, quando se procura uma integração do ritmo, ou melhor, da velocidade do devir sonoro com os demais elementos do jogo cênico, é preciso se acautelar contra esse paralelismo temporal. Particularmente, adoto uma constante flutuação no ritmo ou no andamento sempre que uma peça musical com um ritmo contínuo, constante, me é requisitada.

Aquilo que no contexto da música pura pode ser visto como erro na execução: o vacilo no andamento, um atraso ou antecipação no andamento, uma nota falsa no instrumento, adquirem na música de cena, qualidade dramática.

No *exemplo 36*, a flutuação no andamento (notas longas dos saxofones soprano, também com flutuação na entonação do uníssono) é acompanhada por *rallentandos* e *accelerandos* constantes nas figuras apresentadas pelo xilofone e violões. Essa quebra da simetria rítmica propicia que o tempo musical penetre na descontinuidade dos outros elementos em cena. Ao não propor-se como realidade temporal independente e autossuficiente, ele favorece uma percepção polifônica dos diferentes eventos temporais (gesto, palavra, luz) através de uma troca constante das velocidades simultâneas.

Essa qualidade dramática nasce justamente do sentido de falibilidade da intervenção musical, ou seja, ela comparece como parte integrante de uma precariedade e instabilidade essenciais no jogo cênico. Não se coloca como técnica acabada, ou ainda como linguagem distanciada. Mas, copartícipe de um processo em curso, cambiante.

Da Continuidade

A musicalização de uma trama com começo, meio e fim, ou que se complete mesmo em sua não linearidade, pode se servir também de elementos sonoros que pertençam ao universo referencial do espectador, seja através de citação paródica, recriação ou estilização. Dessa forma é mais fácil estabelecer relações comparativas entre seus formantes. Ao lançar mão desses meios de expressão, o compositor ativa a participação do espectador como cúmplice da ação cênica na construção narrativa.

No entanto deve-se evitar a utilização gratuita e indiscriminada dessas referências. Exatamente por lidarem com uma marca fortemente impressa na memória do espectador, devem ser usadas com economia ao longo do espetáculo. Acredito mesmo que o compositor e o encenador possam escolher, quando possível, um momento específico para lançar mão desse procedimento. Caso a característica principal do espetáculo seja o tom paródico e grotesco, então a inversão dessa característica – ou seja a intenção direta, imediatizada – pode propiciar também um resultado efetivo de pontuação.

O compositor deve também se assegurar de que a referência usada irá causar o efeito desejado, e mesmo, se ela faz parte do repertório médio de seu espectador potencial. Pois sendo a paródia sonora essencialmente crítica, sua eficácia reside em seu reconhecimento.

O compositor Erik Satie (1866-1925) foi o inventor da paródia musical moderna. Enquanto Igor Stravínski, um compositor paradigmático da modernidade musical, lançava mão do procedimento paródico como elemento colorista em sua textura dramático-musical (*Petrouchka, História do Soldado*), Satie já utilizava a paródia como ferramenta chave em sua antitécnica de composição. Como em *Socrate*, um drama sinfônico para vozes e orquestra de câmara de 1918. A partir de textos do filósofo Platão, Satie parodia um estilo *serieuse* de declamação melódica (melodia com orquestra) com "vozes desencarnadas, a serviço do texto – de suas palavras e frases – mas não de seu sentido", sobre um tapete sonoro quase imaterial[14].

Esse desajuste entre conteúdo textual e expressão musical ia de encontro ao objetivo de Satie em transformar a música "numa coisa 'branca' e 'pura'"[15], além de ironizar as próprias "capacidades expressivas" da música. Através da paródia de estilo e da autoironia, Satie criou uma forma moderna de crítica com relação às convenções e posturas do próprio ato de criação artística. Em consonância com outros movimentos artísticos do início do século xx como o dadaísmo, o construtivismo e mesmo o surrealismo, buscou desautomatizar a concepção musical e o objeto sonoro sempre a partir de procedimentos negativos ou de dupla negação como a paródia, a ironia e a metaironia[16], antecipando tendências estético-musicais que se desenvolveriam na segunda metade deste século.

14. Anne Rey, *Erik Satie*, Paris: Editions du Seuil, 1974.
15. Idem.
16. Ver Octavio Paz, *Marcel Duchamp ou o Castelo da Pureza*, São Paulo: Perspectiva, 1977.

No século xx observa-se uma retomada da paródia musical como procedimento técnico, utilizado predominantemente através de canções no teatro (Brecht-Weill, Dessau-Eisler, Maiakóvski-Shostakóvitch), no cinema (os musicais norte-americanos), na ópera (Alban Berg – *Lulu*; Ernest Krenek – *Jonny Spielt auf;* George Gershwin – *Porgy and Bess,* entre outros) e na televisão (seriados, desenhos animados etc.).

Recuperando elementos da tradição do teatro e da canção popular, bem como do teatro shakespeariano que se servia de melodias populares e seculares para criar paródias satíricas, a música para a conhecida pantomima de *Hamlet, exemplo 12* – onde é encenado o assassinato do rei por uma trupe de saltimbancos sob direção de Hamlet –, foi concebida como paródia desse universo referencial:

(Soa o trompete)

Segue-se uma pantomima. Entram o Rei e a Rainha muito ternos, abraçados um ao outro. Ela se ajoelha e faz gestos que revelam um profundo amor. Ele a levanta e deita a cabeça em seu ombro. Depois deita-se num canteiro de flores. Ela, vendo-o adormecido, sai. Em breve chega outro homem, tira-lhe a coroa, beija-a, derrama veneno no ouvido do Rei adormecido e se afasta. A Rainha volta, encontra o Rei morto, faz uma cena apaixonada. O assassino, com mais três ou quatro, parece condoer-se com ela. O cadáver é retirado. O envenenador faz a corte à Rainha, dando-lhe presentes. Ela parece repeli-lo, por momentos, mas acaba por lhe aceitar a corte[17].

O primeiro passo é decupar a sequência cênica, isolando um a um os movimentos que compõem a pantomima, para que a música possa contemplar na encenação todas as motivações propostas:

1. estabelecer um ambiente de felicidade e amor: *Entram o Rei e a Rainha muito ternos...* até... *Ela, vendo-o adormecido, sai;*
2. pontuar a entrada do assassino, e o ato de derramar veneno: *Em breve chega outro homem...* até... *derrama veneno no ouvido do Rei adormecido e se afasta;*
3. retomada de ambiente de felicidade inicial, até que a Rainha percebe o crime, estabelecendo um novo ambiente, dramático: *A Rainha volta, encontra o Rei morto, faz uma cena apaixonada;*
4. pontuar a volta do assassino acrescido de um certo cinismo: *O assassino volta...* até... *o cadáver é retirado;*
5. criar um ambiente de sedução cínica do assassino sobre a Rainha: *O envenenador faz a corte à Rainha, dando-lhe presentes;*
6. estabelecer um contraponto entre o tema da sedução e a recusa da Rainha: *Ela parece repeli-lo, por momentos...;*

17. William Shakespeare, *Hamlet,* tradução livre.

7. resolução do impasse, com tema de felicidade irônica acentuando a rápida aceitação da corte pela Rainha: *mas acaba por lhe aceitar a corte.*

A paródia se instala desde a escolha dos instrumentos: violão e flautas doce. Num primeiro momento, é criada uma atmosfera típica de um grupo de saltimbancos; num segundo momento, a soprano acompanhada pelo piano cria um ambiente de música de concerto, estabelecendo uma leitura estilística crítica da própria cena, uma vez que instaura um contraste musical com relação à textura anterior. O violão desempenha o "papel" do assassino e por suas intervenções é possível acompanhar essa personagem. Com a entrada do piano e da soprano inicia-se uma transição entre o ambiente romântico inicial e a litania fúnebre após o envenenamento.

Num terceiro momento introduz-se o ambiente paródico através da citação de melodias famosas e na forma caricata com que são vocalizadas: *Una furtiva lagrima* (um paradigma da tristeza lacrimosa melômana) estabelece uma ponte referencial entre o texto original da canção e a ação do assassino que derrama gotas de veneno na orelha do Rei; e *La donna è mobile* que satiriza a rápida aceitação como novo Rei do assassino pela Rainha, recontextualizando o sentido da letra original.

O procedimento que relaciona uma determinada personagem a um instrumento também remonta a tradição do teatro popular medieval.

Esse tipo de conexão entre som e caráter (*ethos*) está mesmo nas origens da própria música e do teatro. Já na Grécia Clássica esse tipo de relação se fazia presente: o instrumento de sopro e a percussão relacionavam-se ao espírito dionisíaco, e as cordas dedilhadas (lira) ao espírito apolíneo.

O sentido de farsa e paródia se acentua na medida em que se revela a natureza mecânica e mesmo arbitrária nesse tipo de associação. A partir de diferentes parâmetros – como densidade, peso, velocidade etc. – estabeleceu-se um repertório padrão que associa o gordo ao trombone, o magrela ao som titubeante de um violino etc.; "atitudes, gestos e movimentos do corpo humano são risíveis na exata medida em que esse corpo nos leva a pensar num simples mecanismo"[18].

Enfim, os conceitos e procedimentos expostos acima são determinantes para que se estabeleçam a velocidade interna e a duração da cena. E, uma vez que a música de cena é composta por um grande número de diferentes peças – com vários "inícios" e "finalizações" – é desnecessário esclarecer musicalmente que se está iniciando (com acordes introdutórios) ou finalizando (com uma resolução harmônica de volta à tônica, por exemplo) uma intervenção sonora. Deve-se, ao contrário, instaurar-se de imediato a plena textura musical desejada.

18. Henri Bergson, *O Riso – Ensaio sobre o Significado do Cômico,* Rio de Janeiro: Zahar, 1983.

O compositor de cena é, por essência, parte de uma equipe, o que de forma nenhuma anula sua personalidade criativa, mas o coloca numa situação de diálogo com diferentes códigos, linguagens. Para que esse diálogo possa se estabelecer com intensidade criativa, ele deve buscar se informar ao máximo a respeito de conceitos de dramaturgia, encenação, cenografia, teoria teatral, literatura dramática, iluminação etc.

Sobre a Formatação da Composição Sonora

Depois de estabelecidos os eixos básicos da concepção musical, o compositor ingressa numa segunda fase, onde estabelece estratégias para colocar em prática esses conceitos.

Daí por diante o processo de criação da encenação irá colocá-lo frente a determinantes de toda espécie como orçamento da produção, idiossincrasias pessoais, problemas técnicos intransponíveis etc.

Ao colocar em prática sua concepção, além das adaptações circunstanciais, como as variações de duração das cenas e corte de cenas – com um consequente corte de inserções sonoras –, o compositor precisa formatar e detalhar o seu esquema de atuação. Com auxílio dos dados levantados na decupagem do texto completo, pode localizar os momentos sonorizáveis e a pertinência de se estabelecer temas relacionados às personagens (*leitmotive*). Bem como as formas nas quais o som irá intervir na cena: música ao vivo, pré-gravada ou combinando ambas as opções.

Na localização inicial das cenas sonorizáveis, os próprios dados da decupagem fornecem elementos seguros. Já para a conveniência na adoção de temas musicais ligados diretamente a personagens, há dois aspectos a considerar. O primeiro é que os *leitmotive* (motivos condutores), mesmo sendo um fator importante de organização da composição, podem causar uma relação de causalidade, complementariedade e previsibilidade limitadora na ação cênica e sonora[19]. No entanto, certamente contribuem para a unidade formal, funcionando como polos de atração, definindo a composição.

O grau de pertinência para a adoção de *leitmotive* será determinado pela natureza e características principais da narrativa bem como da encenação. Se essas características se baseiam numa situação particular, num ambiente original ou num conceito existencial, simbólico ou ideológico, o uso de *leitmotive* pode mais distanciar que aferrar o espectador ao eixo principal da narrativa.

19. "O *leitmotiv*, inventado para adular o público, é apenas uma solução popular e simplista. Os adaptadores abusaram dele muito além das esperanças que poderia ter tido o próprio Wagner. Fizeram-se filmes inteiros repousando sobre uma só melodia...", escreveu o compositor Darius Milhaud, apud Alberto Cavalcanti, *Filme e Realidade*, São Paulo: Martins, 1959, p. 142.

Caso contrário, ou seja, se a essência da narrativa se encontra sintetizada e materializada numa ou mais personagens, numa localização geográfica real (Las Vegas, Paris ou no velho Oeste, por exemplo), ou característica (igreja, fábrica, cassino etc.), então a adoção de *leitmotive* torna-se eficaz.

No entanto, o emprego desse recurso deve se dar sempre com economia, pois uma vez usado para identificar mais de uma personagem ou espaço cênico, tem sua eficácia banalizada, estabelecendo uma relação muito direta de subordinação da música em relação à cena.

A escolha de música ao vivo envolve primeiramente questões conceituais e técnicas que devem ser tratadas ao mesmo tempo. Mais adiante iremos detalhar os aspectos técnicos propriamente ditos, mas agora nos interessa pensar os fatores que direcionam a escolha desse tipo de intervenção sonora.

A primeira determinante nessa escolha é a própria natureza do texto a ser encenado. Caso a encenação parta de um texto preexistente, e ele contenha cenas musicais com voz ou instrumentos já determinados (musical, cabaré etc.), se a trama envolve a presença de música ao vivo, ou ainda, se contém alguma referência explícita com relação à música.

Existem duas formas de encaminhamento: uma, onde toda a música é realizada ao vivo, e outra que utiliza apenas a intervenção vocal ao vivo com o acompanhamento pré-gravado.

Mais uma vez deve se reforçar a necessidade de integração entre as partes que empreguem vocalizações e o todo da composição. É comum vermos encenações em que as cenas com voz ao vivo servem-se de timbres, esquemas harmônicos e da própria forma-canção de maneira tradicional, como num concerto musical, enquanto o restante do material sonoro apresenta um caminho muito mais aberto musicalmente, com maior liberdade formal, incorporando um espectro maior de sonoridades e formatos. Essa não integração dos materiais sonoros cria uma forma de interrupção que pode truncar a fluidez da narrativa. E, caso o objetivo seja justamente o efeito de interrupção, este deve ser explicitado ao longo da encenação com a repetição desse procedimento de contraste.

A decisão por música ao vivo, integrada à concepção global, direciona a composição musical no sentido de uma intervenção mais direta, focada e conectada aos eventos gestuais da cena, uma vez que, como ela, produz-se em tempo real: a pura e simples pontuação de um gesto, de um objeto que cai, de uma palavra específica etc.

No entanto, o risco é reduzir a composição à mera meteorologia sonora, banalizando assim sua capacidade de dialogar criativamente com os diferentes registros do jogo cênico. O resultado imediato do efeito sonoro que comenta é uma tentação que deve ser evitada pelo compositor, por sua facilidade e banalidade; pode ser usado como parte de uma ação paródica, reforçada pela própria repetição mecânica (arbitrária) e abusiva. Certas formas teatrais, como o cabaré e o teatro-circo, utilizam frequentemente esse recurso como reforço cômico e irônico, mas nesses casos a inserção da música está pré-codificada por toda uma hierarquia cênica.

Naturalmente a música ao vivo é mais envolvente, uma vez que integra mais facilmente palco e plateia, que sente e acompanha visualmente a execução musical. No entanto, essa presença diminui a capacidade de abstração na recepção da informação sonora, uma vez que o espectador reconhece a fonte e a natureza do emissor.

Assim, a música pré-gravada que não conta com a presença física do emissor original (o músico, substituído pelo alto-falante) proporciona uma emissão menos reconhecível, com uma intervenção mais distanciada em termos de materialidade. Isso possibilita mais mobilidade no uso da palheta e da espacialização sonora, bem como um envolvimento acústico mais neutro do espectador, que não se vê preso a um ponto visual de emissão sonora.

Em *Calígula*, o tema da personagem-título – de caráter épico – acompanha a insanidade crescente que toma conta da personagem ao longo da encenação. Para isso é gradualmente acrescido à música um som que sugere a respiração interna da personagem. Com uma intensidade de volume crescente a cada nova aparição e mixagem (à maneira de uma câmera subjetiva no cinema), estabelece-se um paralelo com a intensificação da loucura de Calígula.

O som de respiração é produzido através da movimentação do fole do acordeom, mantendo pressionada a chave auxiliar de ar.

Foram realizadas três mixagens diferentes: a primeira, com a respiração ao fundo (BG); a segunda, com a respiração no mesmo plano dos demais instrumentos; e a terceira, com a respiração à frente do conjunto, *exemplos 13, 14 e 15, figura VI*.

Esse tipo de procedimento, além de proporcionar uma unificação no material, possibilita ao compositor potencializar o material gravado e o tempo dispendido em estúdio. E sobretudo, no ajuste final dos sons com as cenas, oferece opções para mudanças sutis de textura.

Dessa forma se criam formantes *fixos* e *móveis* na composição. Os sons que formam a base (o grupo instrumental nos três exemplos anteriores) são os formantes fixos; e os sons que podem ser colocados e retirados sem que haja perda da identidade da composição (no caso, o fole do acordeom), os formantes móveis.

Vejamos um exemplo que avança na utilização desse procedimento, inserindo na própria concepção da composição a ideia de formantes *móveis* e *fixos*.

Nos *exemplos 16, 17 e 18, figura VII*, um conjunto base de câmara (trio de cordas, clarone, trompa, marimba, gongos e acordeom) tem alguns de seus instrumentos dobrados na gravação.

Na primeira versão, *exemplo 16*, o clarone dobra oitava abaixo o violoncelo; o violino foi gravado duas vezes, uma com o som agudo escrito, e outra

Figura VI

77

acrescentando esse som oitava acima como harmônico, acentuando assim o registro agudo.

Na segunda versão, *exemplo 17*, o som harmônico do violino foi suprimido, acrescentando-se um trêmulo na região grave da marimba, escurecendo a cor geral da peça.

Na terceira versão, *exemplo 18*, suprimiu-se a marimba e acrescentou-se o som do fole do acordeom (respiração).

Nessa peça, a partir de um material bastante simples, um coral a quatro partes, o interesse sonoro volta-se para a combinação modular do grupo instrumental, que procura obter com o mínimo de variação algumas diferenciações timbrísticas e expressivas.

Essa forma de se desdobrar em pequenas suítes algumas peças da composição embute a ideia de *módulo* como unidade básica de medida e organização.

Emprestando-se alguns termos da arquitetura de Le Corbusier pode-se dizer que a composição modular usa o tamanho da composição, tomado a partir de sua totalidade, como medida reguladora. Pois segundo Corbusier, "um módulo mede e unifica"[20], cabe encontrar a medida que irá estabelecer a escala.

Traduzindo, o compositor – a partir das linhas principais na narrativa e/ou na encenação – estabelece quais ideias musicais devem ser recorrentes ou variadas e, num segundo momento, que tipo de medida de repetição ou variação deve se aplicar a elas. O último grupo de exemplos apresentam, cada um à sua maneira, formas de aplicação de um pensamento modular com relação à forma musical.

Um elemento importante no estabelecimento da medida modular é a duração temporal. O espetáculo teatral comporta dois tipos de duração: a cronológica e a relacional; real e psicológica.

Uma ideia sonora modular deve se estruturar a partir de uma duração mínima e máxima, como limites de sua escala temporal. Por exemplo, se um determinado tema musical no limite mínimo de duração contém apenas a sua célula básica que dura cinco segundos, e sua próxima intervenção cênica se dará depois de trinta minutos, com a apresentação completa do tema (um minuto) – limite máximo de duração –, a diferença de escala de duração entre essas duas intervenções irá dificultar a associação desses eventos e seu reconhecimento como pertencentes da uma mesma matriz. Nesse caso, as relações entre *material* x *duração*, e *intervenção* x *tempo global* apresentam uma grande diferença de *escala*.

É preciso estabelecer uma constância no uso de uma ideia musical modular para que o espectador possa reconhecer e acompanhar seu desenvolvimento e transformações.

Uma estrutura modular se constitui principalmente a partir dos parâmetros de duração e timbre.

20. Le Corbusier, *Por uma Arquitetura*, São Paulo: Perspectiva, 1973, p. 44.

Figura VII

Quanto às durações, a composição deve se desdobrar em peças que apresentem relações de duração simples entre si: dobro, triplo, metade, quarta parte etc.; além de limitar a diferença entre a apresentação mais curta e a mais longa do material, buscando assim uma progressividade nos parâmetros.

Com relação à totalidade temporal – a duração da encenação –, as intervenções devem sempre que possível acontecer em intervalos de tempo que também obedeçam relações simples ou pontos bem determinados em relação às cenas e à trama. Ou seja, em intervalos mais ou menos regulares entre si.

A forma mais comum de desdobramento modular da instrumentação é a supressão ou acréscimo de instrumentos. Do solo ao duo, trio até a totalidade do efetivo instrumental; ou ainda dividindo o conjunto em famílias de timbres que resultam em versões com características bem marcadas: rítmica, leve, aérea (sopros) etc.

Esse procedimento foi empregado na disposição do tema da personagem Cesônia em *Calígula, exemplo 19, figura VIII; exemplo 20; exemplo 21, figura IX; e exemplo 22*:

elemento musical	instrumentação	duração
tema completo	trompa, sax soprano, trio de cordas, pratos, gongo e *wood-block*	48"
variação da célula A do tema	violino solo	16"
variação da célula A do tema	trompa solo	24"
variação da célula A do tema com segunda parte	trompa e contrabaixo	24"

As durações das peças dispostas acima apresentam uma relação simples de metade e terça parte. A diferença de textura é basicamente do *tutti* (tema completo) para instrumentos solo de famílias diferentes (mas integrantes do efetivo instrumental) e para solo com segunda parte. Na encenação, as versões mais curtas foram usadas em mudanças de cenas ou pontuando determinados momentos dentro da cena. A versão completa do tema foi usada ao longo da cena principal dessa personagem.

O pensamento modular também se aplica na organização da composição para acentuar as *diferenças (mudanças) de velocidade* dentro de uma mesma situação ou evento cênico. Isto é, o recurso de mudança de velocidade e andamento tem seu reconhecimento facilitado quando aplicado a um mesmo material sonoro.

Em *Os Espectros*, um elevador mecânico ligava o térreo ao primeiro andar da sombria mansão de Helena Alvim, segundo indicações do texto original.

Figura VIII

Figura VIII

Figura IX

Ao ser acionado, invadia a cena uma expectativa com relação à identidade da personagem que estaria por chegar. Assim o intervalo entre o acionamento do elevador e a abertura das portas teria que ser acentuado dramaticamente de alguma forma. Como já foi descrito acima, a instrumentação da composição contava apenas com um quarteto de cordas. Portanto, essa formação era responsável pela criação de todo o universo sonoro da encenação.

Ao longo do espetáculo o elevador era acionado várias vezes, interferindo em momentos de diferentes intensidades dramáticas. Buscou-se, em conjunto com o encenador, a caracterização de duas texturas e velocidades básicas:

- uma mais lenta em relação à velocidade presumível para esse tipo de equipamento, com duração de dezessete segundos, *exemplo 23, figura x*;
- outra, uma velocidade "padrão", considerando-se o tipo de equipamento usado na época (situada a partir de referências da encenação entre o final do século XIX e início do século XX), o tipo de elevador (com porta pantográfica e motor rudimentar) e a distância a ser percorrida, com duração de 32 segundos, *exemplo 24*.

A velocidade mais lenta prolongava o tempo de espera e consequentemente a expectativa; ela foi usada para momentos em que a personagem esperada introduzia uma nova situação, ou no ponto culminante de uma situação importante.

Com a velocidade "padrão" obtinha-se um efeito mais neutro e ágil no elemento cênico.

Uma vez mais, foi a partir da *decupagem* da natureza material de um elevador mecânico e sua movimentação que a peça musical foi concebida. Tomando como *ponto-de-escuta* o térreo – espaço da ação cênica –, a decupagem sonora foi dividida em três etapas:

1. acionamento do motor para descida, com som distanciado do ponto-de-escuta;
2. movimento descendente do elevador em direção ao nível da cena, aumento gradual de volume;
3. chegada com parada do elevador, movimentação da porta pantográfica até abertura completa.

Conforme a *figura x*, a primeira etapa foi traduzida musicalmente com um trêmulo em crescendo (*fade-in*) – do início até o compasso cinco – com ataques destacados no compasso quatro e cinco que marcam o início da movimentação da etapa seguinte.

Na segunda etapa, o pedal do cello sustenta uma frase descendente da viola e segundo violino que indicam a direção do movimento do elevador. O primeiro

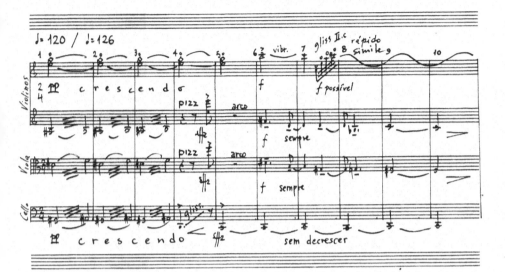

Figura X

violino apresenta sons periféricos, ruídos metálicos típicos do mecanismo sugeridos pela cenografia, como alternância rápida e circular de harmônicos, arpejo percussivo atrás do cavalete e ataques *col legno* até o compasso catorze.

A terceira e última etapa do movimento – do compasso quinze ao final – sugere a abertura da porta com um movimento ascendente. O ataque *fortíssimo* num grupo de notas agudas no compasso dezoito marca o final da abertura da porta, transferindo o foco cênico de atenção para a personagem que chega pelo elevador.

Neste caso, a variação de velocidade e duração foi obtida com a simples aceleração do andamento. A versão mais lenta com a semínima a mm.100, e a mais rápida a mm.126.

A adoção de uma disposição modular dos elementos sonoros abrange não somente a concepção da composição, mas também as formas de disposição e operação do sistema de sonorização do espetáculo.

A partir de uma *escala de intensidades das intervenções sonoras* pode-se extrair o máximo de expressividade do recurso do volume: do mais suave ao mais intenso, a utilização alternada de um ou outro sistema de amplificação específico ou do conjunto completo ao mesmo tempo. O estabelecimento dessa escala de referência pode evitar a falta de critérios que costuma acarretar numa diferenciação limitada de volumes entre *baixo, médio* e *alto.*

O encenador norte-americano Robert Wilson costuma organizar seus roteiros como uma série de tabelas de eventos (cênicos, verbais, visuais e sonoros) que obedecem essencialmente leis temporais, apoiando-se principalmente "na simultaneidade e justaposição e não na sucessão e transição [...] tudo o que acontece em cena (em relação à montagem brasileira do diretor) é registrado de acordo com sua duração no tempo e em relação com as doze horas que dura a *performance*"[21].

O controle das durações é importante para o compositor de forma que, desde a concepção até a formatação, ele possa equilibrar a relação entre as intervenções sonoras – com suas durações internas – e a duração total do espetáculo.

21. Luiz Roberto Galizia, *Os Processos Criativos de Robert Wilson*, São Paulo: Perspectiva, 1986, p. 130.

ATO II

Sobre o Uso como Representação do Som

*Onde foi parar agora o espírito formador
de mitos, que é o da música?*

F. NIETZSCHE[1]

*A música em e por si mesma nunca expressa os
fenômenos, mas apenas a essência íntima do fenômeno.*

A. SCHOPENHAUER

"Em estado puro a música é uma especulação livre"[2], escreveu o compositor Igor Stravínski. A música de cena não é música em estado puro, mas em estado dialógico, o que não a impede de ter a sua porção de livre especulação.

Essa é sem dúvida a questão chave para o músico que se dedica à composição de música aplicada a outras linguagens como a ópera, teatro, cinema, dança, televisão etc.

Depois de John Cage, para quem "um som é um som e um homem é um homem", parece um retrocesso realinhar a linguagem sonora junto a um universo de referencialidades, o que não deixa de ser verdadeiro em certo sentido. Mas por outro lado, ao integrar a informação sonora num ambiente intercódigos – onde um som ainda continua sendo um som – criam-se novas possibilidades de articulação que reinformam esse mesmo dado, agora lançado num ambiente (no sentido que McLuhan conferia ao termo) des-hierarquizado e multidisciplinar. Não vejo motivos para que o compositor de cena sinta-se inferiorizado com relação a uma suposta *impureza* de seu material. Aliás, o próprio termo já envolve um juízo de valor, e em arte juízos de valor não são bons conselheiros, uma vez que nossa atenção deve se dirigir essencialmente ao objeto, no caso o som e a cena, em vez de uma moral estética.

Poderíamos alinhar aqui toda a tradição da música de cena, desde a tragédia grega, passando pelo teatro *nô* e *kabuki*, autos medievais, a ópera mozartiana, a

1. *O Nascimento da Tragédia*, trad. J. Guinsburg, São Paulo: Companhia das Letras, 1992, p. 106.
2. *Poética Musical*, Madrid: Ediciones Taurus, 1977, p. 53.

obra de arte total de Richard Wagner até os musicais da *Broadway*, como testemunho do alto nível de elaboração criativa já alcançado entre a música e a expressão teatral:

> Essa luta do espírito da música por revelação figurativa e mítica, que se intensifica desde os primórdios da lírica até a tragédia ática, interrompe-se de súbito, depois de apenas atingido um viçoso desenvolvimento, e como que desaparece da superfície da arte helênica: enquanto a consideração dionisíaca do mundo, nascida desta luta, sobrevive nos mistérios e, nas mais maravilhosas metamorfoses e degenerações, não cessa de atrair para si as naturezas mais sérias. Será que ele não voltará a elevar-se um dia, como arte, para fora de sua profundeza mítica?[3]

É justamente por acreditar que a música desempenha uma função formadora no espetáculo teatral – e não apenas subsidiária, ilustrativa – e lastreado num quadro atual que propicia interações cada vez mais profundas entre os códigos, que a ideia de *representação sonora* ultrapassa em muito a simples ilustração ou a projeção simbólica de um gesto, de uma emoção ou de uma situação.

A cena contemporânea convive com duas realidades criativas no âmbito do teatro: uma que preserva o formato cênico do século passado, com aperfeiçoamentos de superfície, não estruturais; e outra que experimenta novos formatos, integrando e integrando-se a outras linguagens.

Este trabalho busca abordar elementos fundantes que, de uma maneira ou de outra, fazem parte de ambas as realidades.

Afastemos, por enquanto, os fantasmas dos complexos estético-morais e das proposições especializadas, e voltemos ao ambiente panorâmico abordando os procedimentos que se referem à capacidade narrativa da música com relação a sujeitos extramusicais.

O uso como representação do som nos coloca no campo simbólico da mimese, imitação e referencialidade. Em outras palavras, trata-se da correspondência universal de qualidades específicas relacionadas por intermédio de associações: "a indeterminação aparente da linguagem musical não é outra coisa senão a riqueza infinita de determinações e de significações inumeráveis que estão adormecidas nela mesma"[4].

A solicitação mais comum com relação à música de cena diz respeito a situações objetivas de cena. Ou seja, a sua capacidade em criar no espectador uma sugestão, reforço ou contraste com relação ao que está vendo e ouvindo. Essa solicitação coloca o compositor diante da opção de ser mais ou menos literal, numa escala associativa, em relação ao estímulo cênico. Entre "naturalismo" e "simbolismo".

---

3. Friedrich Nietzsche, op. cit., p. 104.
4. Vladimir Jankélévitch, da introdução ao livro de Stefan Jarocinski, *Debussy. Impressionisme et Symbolisme*, Paris: Éditions du Seuil, 1970, p. 9.

O símbolo na linguagem sonora provoca, de forma mais acentuada que nas demais linguagens, uma ambiguidade intensa em sua própria constituição, o que acentua ainda mais o papel do receptor no processo de comunicação.

O símbolo transforma o fenômeno em ideia e a ideia em imagem, e é dessa forma que a ideia na imagem projeta-se ao infinito e permanece inacessível; mesmo que expressa por todas as línguas, ela permanecerá sempre inexprimida[5].

A linguagem sonora combina num mesmo objeto algumas modalidades da função simbólica como expressão, representação, sugestão e significação pura. Explorando o espectro associativo, vamos analisar quatro diferentes soluções sonoras: da representação – com a utilização direta do objeto de referência cênica – até a analogia sonora, que a partir do estímulo proposto ganha autonomia sonora com significações paralelas.

Em *Othello*[6], numa cena onde Desdêmona e Otelo acariciam-se com beijos e abraços em torno de uma banheira, a intervenção sonora – como um *zoom* cinematográfico – destaca o som produzido pelos lábios das personagens (eleito como *ponto-de-escuta* da cena), *exemplo 25*. Esse som é processado e organizado num ritmo não natural, mas que ainda assim mantém reconhecíveis as características principais da sonoridade que foi escolhida para ser reforçada.

Ainda que impregnado de um naturalismo inicial na escolha do elemento sonoro – o som dos lábios –, é possível para o espectador perceber a mão do compositor interferindo e alterando a estrutura original da sonoridade.

É justamente a visibilidade dessa manipulação que confere à intervenção sonora a qualidade de música de cena em vez de mera sonoplastia.

Mas o que é *mera sonoplastia*?

É quando um som inserido na cena não sofre nenhuma interferência do compositor e nenhum deslocamento em relação ao seu contexto natural. Ou seja, nem a própria escolha desse som apresenta uma intenção qualquer com relação ao seu uso, que não seja a ilustração.

Por exemplo, uma cena em que uma personagem abre um chuveiro e detona o som de água no sistema de amplificação. Caso essa mesma personagem acione o chuveiro, declanchando o som de uma fogueira ardendo, aí sim teríamos a intervenção sonora alterando a natureza dos elementos de cena.

Uma solução híbrida, intermediária, entre o total naturalismo e o simbolismo sonoro, foi adotada na cena subsequente do mesmo *Othello*, em que Desdêmona banha Otelo lascivamente, *exemplo 26*. Nesta cena a ideia foi *musicalizar o som*

---

5. Wolfgang Goethe apud idem, p. 39.
6. *Othello*: espetáculo de teatro/dança (sem texto) a partir de Shakespeare, direção e coreografia de Johann Kresnik e Ismael Ivo, com a Ismael Ivo Company. Estreado em julho de 1995 no Theaterhaus Stuttgart, Alemanha.

referencial – o som de água – de forma a introduzir na cena a tensão externa do fluxo da trama, dramatizando a "sensualidade" da cena a partir da textura sonora. Essa musicalização foi criada através da gravação de sons d'água caindo sobre uma pia metálica, que com o processamento sonoro gerou uma espécie de coral metálico, mas sem alteração do *take* original. A essa textura foram acrescidos sons de contrabaixo acústico, criando uma massa informe de intervalos e ritmos, estabelecendo um contraste com relação aos registros:

– agudo/água: realidade visível;
– grave/contrabaixo: realidade invisível, motivação dramática subjacente.

Distanciando-se da sonoplastia e avançando em direção à pura criação dos eventos sonoros em cena, vamos analisar um exemplo onde a rubrica (indicação do autor sobre aspectos práticos da encenação como elementos de cena, movimentação de personagens etc.) indica um som incidental que faz parte da ambientação da cena, e que foi totalmente recriado sem que, no entanto, houvesse perda da referência do som original para o espectador.

Em *Hamlet*, na cena onde a personagem-título tem o primeiro encontro com o fantasma do pai morto, o texto apresenta a seguinte rubrica: "Ouve-se um toque de trombetas e dois tiros de canhão". A cena noturna no alto da torre do palácio está envolvida em suspense pela espera do espectro, mas ouve-se também ao longe a celebração do casamento do Rei assassino com a mãe de Hamlet, a Rainha Gertrudes.

A intervenção sonora indicada na rubrica deve, portanto, contemplar essas duas situações contrastantes: tensão/primeiro plano e celebração festiva (criticada em cena por Hamlet)/segundo plano.

Na solução musical para esta rubrica optei por não usar a indicação literal das trombetas, para concentrar-me no som do canhão que, por seu timbre percussivo, poderia resumir com mais impacto sonoro o ambiente suspensivo da cena (e criar ainda uma certa ambiguidade em relação ao som do espocar festivo das garrafas), concentrando o foco de atenção sonoro na tensão da espera pelo espectro, *exemplo 27*.

A construção sonora desse canhão se deu com a sobreposição de gongos, tambor grave e contrabaixo acústico, alguns gravados em sentido contrário na fita e em velocidades diferentes (7 1/2, 15 e 30 cm/s). A ideia de recriar os sons naturais e mecânicos (referenciais) enquadrava-se na concepção geral da composição de não usar diretamente nenhum som original de natureza ou objeto diretamente referenciado no texto.

Ao se evitar o uso de sons referenciais em sua forma natural, potencializa-se sua capacidade em abrigar novos contornos e sentidos, além de contribuir para a unidade timbrística da composição.

A recriação de um som incidental de cena pode também abdicar completamente da ideia de imitação timbrística, como no caso anterior do canhão, e elaborar-se a partir de uma analogia sonora concebida a partir dos elementos acústicos formantes do som incidental.

Tendo em vista a unidade sonora, é importante que o compositor de cena adote um padrão mais ou menos fixo com relação aos sons naturais e incidentais para toda a composição. Seja descartando totalmente o seu uso como sonoplastia, seja o contrário; é preciso que se estabeleça uma continuidade nesse procedimento ao longo da composição. Uma mudança constante de padrão (uso alternado de sons naturais e processados) muitas vezes pode criar uma dispersão, que certamente irá enfraquecer as intenções narrativas da música de cena.

Em *Os Espectros* a ação desenvolve-se ao longo de uma noite dentro de um casarão, num ambiente pesado e chuvoso. Apenas no final, quando a chave do drama é revelada, a chuva cessa e ao amanhecer o sol começa a brilhar.

Elegi a sonoridade da chuva como elemento-chave da ambientação dramática, como polo de atração principal da composição.

E uma vez que essa sonoridade iria atravessar todo a encenação, não seria suficiente uma abordagem motivada apenas pelos estados de ânimo normalmente associados à chuva, uma vez que essa sonoridade deveria dar conta de múltiplas matizes em diferentes momentos. Busquei então, inicialmente, entender e ler sua própria natureza acústica para depois – a partir desses dados – buscar uma recriação sonora de sua textura.

Assim, à maneira de uma decupagem, o primeiro passo foi reconhecer os formantes acústicos da chuva:

1. som pedal grave, de fundo, contínuo, provocado pela ressonância dos elementos líquidos-móveis e sólidos-fixos (ressonantes).
2. "aura" superaguda de harmônicos, resultantes do choque dos pingos contra diferentes superfícies sólidas e líquidas (metal, vidro, água, pedra etc.).
3. o tamborilar dos pingos: sons curtos percussivos, do agudo ao médio, em ritmo rápido mas não mesurável, inconstante em pequena escala mas constante em grande escala.

Após esse reconhecimento, a etapa seguinte foi estabelecer uma tradução desses dados, aplicados aos instrumentos escolhidos para sonorizar esse conceito: o quarteto de cordas, *exemplo 28, figura XI*.

Para adensar a textura, sobrepus três quartetos de cordas, cada um desenvolvendo um dos itens descritos acima:

1. para o som grave: registro grave (quarta corda), arco, durações longas em trêmolo, durações próximas entre os instrumentos com pouca movimentação melódica (uso de cromatismo), criando uma espécie de pasta sonora movediça, mas informe.
2. "aura" superaguda de harmônicos: harmônicos naturais e artificiais fora de sincronia, resultando em acordes de passagem construídos a partir de cromatismo livre. Grupos de sons curtos e isolados, em meio aos harmônicos, com ataques especiais (sul tasto etc.), cordas duplas e cachos de sons (segundas menores).
3. o tamborilar dos pingos: frases melódicas em *pizzicatos* (cordas percutidas com os dedos), com intervalos melódicos de tamanhos diferentes: pequeno (segundas), médio (quartas) e grande (sétimas, oitavas, nonas) para acentuar a assimetria; curvas melódicas bem definidas: descendente, ascendente e em forma de serra, para acentuar o sentido de repetição; sons curtos com variação rítmica provocando *acellerandos* e *rallentandos* graduais na frase e choques rítmicos entre os instrumentos do tipo 2:3, 4:5 etc.

A sobreposição dos quartetos numa fita multicanal possibilitou a realização de diferentes mixagens, segundo as necessidades de cada momento da encenação. O quarteto com sons harmônicos foi colocado em primeiro plano, resultando numa sonoridade mais leve, *exemplo 29*, *figura XI*; para uma sonoridade mais pesada, o quarteto com sons graves com arco foi alçado a primeiro plano; e para uma versão mais percussiva, o quarteto com *pizzicatos*. O *exemplo 28* apresentou uma versão completa em que as três texturas se encontram combinadas e equilibradas.

Dentro de um procedimento modular, diferentes versões de uma mesma música, obtidas a partir de mudanças na equalização e na mixagem, fortalecem a unidade da composição criando a possibilidade de variação na repetição, semelhante ao efeito do *leitmotiv*, acrescendo também possibilidades sutis de diferenciação na textura mas mantendo um forte senso de reconhecibilidade.

Para a música de cena é importante considerar a mesa de mixagem como o último instrumento a ser tocado no estúdio, e não apenas como um equipamento de finalização do material já gravado. Hoje em dia, com as possibilidades criadas com os programas de gravação e edição em computador, além de diferentes mixagens eles possibilitam a multiplicação de sequências combinatórias entre as texturas e durações, bem como múltiplos direcionamentos na sonorização, com o uso de diferentes *outputs* simultâneos.

No entanto, as intenções narrativas devem guiar as diferenciações de mixagem, para que elas, por seu lado, não enfraqueçam o conteúdo sonoro e criem

Figura XI

dispersão. No exemplo sonoro anterior, as variações de textura se dão a partir da supressão ou ênfase em determinado quarteto, modificando assim o peso acústico.

A *interferência* é um procedimento que busca a quebra de expectativa do evento sonoro em relação a seu contexto representativo direto. Num primeiro momento, ela opera como um deslocamento, para depois atuar mais profundamente como autoironia, autocrítica ou ainda deformação bizarra ou repugnante.

Por exemplo, em *Hänsel und Gretel*[7] (João & Maria), o universo infantil desempenha o papel de pano de fundo na memória do espectador e na imaginação da equipe de criação. Nesse caso o interesse do espectador – que já tem conhecimento prévio da história através da reescritura dos Irmãos Grimm – volta-se para as conexões entre esse "conto de fadas" e seu próprio universo imaginário.

Assim, de início, vê-se descartada a necessidade de transportar para o palco a narrativa original. Por consequência, o uso representativo pela música perde espaço na encenação.

Procurei, então, a partir de vozes de crianças (elemento retirado do contexto original do conto de fadas), relacionar algumas características (lógicas, rítmicas) do discurso verbal infantil, como cortes bruscos na narrativa, não linearidade, repetições e recorrências assimétricas, jogos combinatórios com a sonoridade das palavras etc.

A *interferência* neste universo de referência – infantil – construiu-se a partir da proximidade fônica de duas palavras em alemão *dich/ich* (resultado da simples subtração do fonema *d* na edição da gravação), misturando-as a interjeições vocais, risadas e gritos de crianças, *exemplo 30*. As vozes foram organizadas de forma a não comunicar nenhum conteúdo semântico lógico e reconhecível, deixando pipocar apenas as sugestões que o próprio jogo de palavras propiciava.

Essas vozes seriam emitidas por 28 rádios antigos carregados pelos dançarinos, acompanhando as evoluções da coreografia. Assim foi construída uma sonoridade com o som característico desses rádios: filtragem no registro médio, ruídos brancos, estática, interferências elétricas etc.

A sobreposição de elementos do universo original de referência, recriados de forma não referencial, amplia o horizonte de associações, não mais restrito ao contexto original. Assim as vozes infantis não receberam um tratamento referencial ou simbólico, mas concreto, manipuladas como objeto sonoro. Mais à frente, veremos que o uso da voz implica também no estabelecimento de uma pessoalidade, quem fala? como fala? voz individual ou coletiva? Bem como o estabelecimento de um corpo ou um não corpo para a voz.

---

7. *Hänsel und Gretel*, espetáculo de teatro/dança dirigido por Johann Kresnik, estreado em novembro de 1995 com o Choreographishes Theater na Volksbühne, Berlim, Alemanha.

Ampliando o recurso do *leitmotiv* – que relaciona uma célula musical (motivo, tema ou frase) a uma personagem – pode-se também estabelecer uma relação mais indireta e mediatizada ao se criar um paralelo na própria textura musical entre o *número de instrumentos* na música e o *número de personagens* em cena. Ou seja, a escolha da instrumentação como um duplo. O *exemplo 31* apresenta dois materiais sonoros contrapostos: sons agudos, eletrônicos; e dois violões tocados na região grave. Eles espelham um *pas-de-deux* entre Desdêmona e Otelo, musicalizando a natureza oposta das personagens.

Além do registro, o contraste se verifica na estrutura rítmica e sua disposição no tempo. Os sons agudos são constantes. Os graves, intermitentes.

É importante observar que não se trata de estabelecer uma relação direta do tipo: instrumento A = personagem A; mas essa correspondência numérica entre os elementos na música e na cena propicia um tipo de associação por texturas.

O tipo de relação criada entre o elemento sonoro e a cena pode determinar uma alteração na *temperatura cênica*. Certos sons *esfriam, esquentam* ou *neutralizam* uma cena[8].

Ao contrário de um enfoque subjetivo que normalmente relaciona o *quente* a um maior envolvimento e intensidade dramática e o oposto, o *frio*, a uma situação analítica e distanciada na linguagem teatral, a terminologia de McLuhan (que iremos adotar) refere-se ao efeito dos meios de comunicação sobre o receptor, que redundam numa maior atividade ou passividade na qualidade da recepção.

Um som *esfria* uma situação cênica quando ela requer apoio ou acentuação numa determinada direção – de forma tão clara que o espectador também participa dessa expectativa – e a intervenção sonora introduz uma visão crítica que *altera* ou *inverte* essa expectativa. Essa intervenção provoca uma modificação na textura da cena, criando uma diferenciação entre espaço interno (a própria cena) e externo (evento sonoro), cabendo ao espectador estabelecer a sua síntese.

Ele *esfria* também ao promover uma quebra de expectativa, uma interrupção. Essa situação provoca uma reação no espectador, que adota uma posição crítica e distanciada em relação à situação cênica, completando assim ativamente o seu sentido ou percepção.

---

8. O teórico da comunicação Marshall McLuhan, em seu livro *Os Meios de Comunicação como Extensões do Homem*, distingue entre os meios de comunicação quentes e frios, e essa conceituação, em certa medida, nos ajuda a colocar a questão da temperatura da informação na música de cena: "Um meio quente é aquele que prolonga um único de nossos sentidos e em 'alta definição'. Alta definição se refere a um estado de alta reconhecibilidade de dados. Visualmente, uma fotografia se distingue pela 'alta definição'. Já uma caricatura ou um desenho animado são de 'baixa definição', pois fornecem pouca informação visual [...] [um meio quente] permite menos participação do que um meio frio. Um meio frio, caracterizado por baixa definição da informação, fornece poucos dados sobre a sua natureza, convidando a uma participação mais intensa do fruidor. De outro lado, os meios quentes não deixam muita coisa a ser preenchida ou completada pela audiência". São Paulo: Cultrix, 1969, p. 38-39.

Um som *esquenta* quando cumpre plenamente as expectativas da cena, esclarecendo, acentuando ou destacando uma leitura previsível ou já evidenciada. Enfim, imprimindo "alta definição" à sua intervenção: dissipando dúvidas, ambiguidades, direcionando a leitura cênica.

Já uma intervenção sonora *neutraliza* quando desvia o foco de atenção cênico com uma informação autônoma que não estabelece conexão com a situação cênica, nem cria um novo foco de atenção. Por exemplo, uma sonoridade complexa, irreconhecível, desligada do universo timbrístico empregado, e com uma duração que impossibilita seu reconhecimento pelo espectador. Sua função se assemelha ao *esfriamento*. A diferença é que esse tipo de intervenção não acrescenta nenhum dado relevante a ser reconhecido pelo espectador. É usado como elemento desviante, neutralizador.

A natureza do timbre usado pode também ser determinante na capacidade narrativa de um som. Cada som carrega em si uma referencialidade histórica que se concretiza de uma forma mais ou menos direta na percepção do espectador. A historicidade que acompanha um som ou instrumento varia segundo o tempo e o lugar. O mesmo acontece com relação aos estilos musicais. O som do acordeom, por exemplo, é relacionado no Brasil a diferentes estilos de músicas regionais do norte, nordeste e sul, sendo praticada por e para a população pobre urbana e rural[9]. Já na Alemanha, relaciona-se a um estilo musical bem determinado e representativo da região da Bavária, sem uma conotação socioeconômica relevante.

Com relação a significados exteriores atribuídos aos sons e instrumentos, eles são mais ou menos universais. Por exemplo, o órgão de tubos está profundamente relacionado à música e à própria igreja cristã ocidental. Essa relação é reconhecida no mundo inteiro. Já os sons da flauta na música do teatro nô expressam verdadeiros símbolos estético-morais que são apenas reconhecidos por quem domina esse código específico.

Certos sons e instrumentos podem ser considerados mais universais e menos referenciais que outros. O uso por diferentes estilos musicais numa mesma época ajuda a esvaziá-los de um significado e localização mais específicos.

Para o compositor de cena, o controle dessa referencialidade é essencial na escolha de seus materiais. Uma escolha equivocada pode provocar uma leitura da música e da cena completamente diversa da intenção original. Assim, esses dados devem também ser levados em conta no momento da escolha da instrumentação.

Na cena da pantomima de *Hamlet*, usada como exemplo anteriormente, a escolha dos instrumentos se deu de forma a localizar a atmosfera sonora num determinado estilo, período histórico e social.

---

9. Note-se que o gênero "sertanejo" só alcançou sucesso comercial junto às classes de maior poder aquisitivo urbanas quando abandonou características originais, como o uso de acordeom, identificado com a pobreza e a cultura rural.

É possível estabelecer com os timbres uma relação similar àquela referente aos sons que *esquentam* e *esfriam*. A escolha de um instrumento que *esfria* é aquela que introduz ou recupera algum dado de contexto (época, lugar, estilo/ambiente) que não está presente ou é imprevisível na situação cênica. Já uma escolha que *esquenta* é aquela em que o instrumento e a forma como é tocado reforçam os dados visíveis, previsíveis e implícitos na cena.

O uso da voz humana em cena coloca para o espectador (e antes, para o encenador e o compositor) questões do tipo: quem canta? Será uma nova personagem?

Justamente por sua contundência material, a intervenção vocal deve integrar-se na concepção global da composição, caso contrário, corre também o risco de dispersão e gratuidade.

Seu emprego requer um tratamento diferenciado dos demais instrumentos musicais. Por sua própria natureza física, a voz provoca uma empatia imediata, sendo portanto facilmente referenciável. Ou seja, ao ouvirmos uma voz somos, geralmente, capazes de reconhecer: homem, mulher, criança, adulto, velho; grave ou aguda; doce ou agressiva; assim como outras deduções de ordem subjetiva.

Mas devemos observar que a voz humana pré-gravada, ou seja, som e corpo ausente, pode localizar-se num espectro amplo entre a pessoalidade e não pessoalidade. Ela pode, aos ouvidos do espectador, possuir mais ou menos definição de corpo(s). Quando vemos os atores em cena nos defrontamos com vozes em corpos. Ao ouvirmos vozes pré-gravadas, podemos imaginar seu corpo. Cabe ao compositor controlar o quão pessoal ou não pessoal ele deseja a sua interferência vocal.

A voz pode ser introduzida de várias formas: ao vivo ou pré-gravada; como canto ou locução de texto (leitura de trechos do texto, como *voz off*; ou com comentários exteriores ao texto original). A intervenção pode, em maior ou menor medida, relacionar-se com o tempo real da cena, ou seja, como elemento mais integrado ou distanciado, como comentário. A voz pré-gravada tem sido usada de forma mais intensa nos últimos quarenta anos, sua execução técnica pode se dar de diferentes maneiras:

1. um *performer* invisível à plateia (mas com visibilidade do palco) lê o texto e dialoga em tempo real com a cena;
2. microfonando a voz dos atores e misturando-as com a voz pré-gravada no sistema de amplificação;
3. pré-gravação que é acionada a partir de "deixas" da cena.

A pré-gravação da voz retira, em certa medida, a flexibilidade do tempo cênico, impondo uma imutabilidade relativa em relação ao tempo da cena que, por sua vez, se vê subordinado ao tempo fixo da gravação. Ao contrário, a leitura ao vivo em *off* possibilita uma realização mais fluente e integrada em relação à cena.

Em *Not I*[10] de 1973, Samuel Beckett faz uso de uma longa locução em *off* através de uma personagem denominada *boca* (*mouth*). Com a voz captada por um microfone e amplificada, ela permanece oculta da audiência ao longo da encenação. Em cena, outro *performer* reage a essa locução com gestos mínimos, que são indicados detalhadamente no texto através de rubricas.

Nesta situação cênica, a "face" da personagem *boca* é o alto-falante, integrado plenamente ao espaço cênico.

Para que se obtenha uma integração acústica entre a voz pré-gravada e amplificada e as vozes em cena, é preciso observar com cuidado as relações de volume e os diferentes pontos de emissão no espaço cênico; ou seja, dependendo do lugar de onde é emitida a voz pré-gravada, ela se integrará mais ou menos em relação à cena e às vozes ao vivo, sempre segundo as intenções da encenação. Isto é, se o objetivo é criar um tratamento diferenciado para a voz pré-gravada, é interessante que se designe uma ou mais caixas acústicas exclusivas para essas intervenções, acentuando ainda mais seu distanciamento e excepcionalidade.

A linguagem cênica contemporânea tem cada vez mais se utilizado do recurso da sobreposição de textos e falas com o emprego de diferentes tipos de microfone em cena.

Por sua vez, a própria diferenciação entre dramaturgo e encenador, compositor, operador e sonorizador, cenógrafo e figurinista, tem sido cada vez menos clara e adotada. Nesse novo horizonte, o texto não ocupa mais a posição de gerador básico e principal da encenação, convertendo-se apenas no elemento verbal do jogo teatral, agora concebido em múltiplas *pistas*: verbal, visual, sonora e gestual. O teatro de Beckett aponta para uma concepção integrada desses elementos na concepção do evento teatral: voz, imagem e gestualidade são indicados pelo dramaturgo como numa partitura a várias partes.

O tratamento dado à voz também se expandiu de forma a ultrapassar a bipolaridade voz falada/voz cantada. Combinada a recursos de amplificação e processamentos como alteração de altura (*pitch change*), timbre (alteração dos harmônicos, distorção, compressão, *chorus*, *flange* etc.), espacialidade, duração e ambientação (reverberação curta, média ou longa, eco, *delay* etc.), a voz no palco mais do que nunca é um objeto de elaboração do compositor de cena.

Ao longo da cena da *loucura* de Ofélia em *Hamlet*, quarto ato/cena cinco, a personagem canta algumas estrofes parodiando o cancioneiro popular da época. Pela letra da canção, Shakespeare introduz a voz da *loucura* com versos que beiram ao *non sense*. Na encenação já referida da peça, a personagem foi desempenhada por uma atriz e não por uma cantora. A partir desse dado, busquei potencializar o uso da voz a partir dos recursos vocais da atriz.

---

10. Samuel Beckett, *Ends and Odds*, London: Faber & Faber, 1977.

No texto original são várias as cenas que requerem ou que são passíveis de intervenção vocal: a cena dos saltimbancos, a pantomima, a cena da *loucura* de Ofélia e de seu enterro. Optei por utilizar o recurso da voz cantada ao vivo apenas na cena da *loucura*, para acentuar a tragédia da personagem Ofélia[11]. Por outro lado, para destacar o caráter irônico-bufo da cena do enterro (na qual os coveiros atuam como verdadeiros *clowns*), lancei mão da citação de uma canção muito conhecida (certamente presente no repertório do espectador médio), cantarolada por um dos coveiros de forma displicente, estabelecendo um contraste com o canto "dramático-trágico" de Ofélia.

Para a cena da *loucura*, procurei criar uma textura sonora similar ao que se conceituou aqui como *paisagem sonora*. Assim, a partir de sobreposições de uma voz feminina (paralelo com a presença da atriz em cena) acentuando uma atmosfera de delírio e embaçamento melódico, e usando nessas linhas vocais células melódicas retiradas da cena correspondente da ópera *Hamlet* de Ambroise Thomas (frases pontuadas descendentes) – uma obra típica da ópera Romântica –, a música não intervinha como acompanhamento para o canto em cena, mas instaurando uma ambiência acústica constante para o desenrolar da cena, *exemplo 32*.

Sobre essa *paisagem sonora*, mas de forma não metrificada, a atriz entoava uma melodia simples sobre o texto original, tendo plena liberdade no tratamento dos tempos, ritmos etc. Sem criar nenhuma relação de dependência entre o canto ao vivo e a música pré-gravada.

O momento seguinte de intervenção ao vivo da voz humana complementava a cena da *loucura*, mas de forma satírica. Na cena que antecede o enterro de Ofélia, quinto ato/cena um, dois coveiros/*clowns* filosofam sobre o sentido da vida e da morte enquanto cavam a vala para Ofélia. Um deles, à certa altura, canta uns versos de "sabedoria" duvidosa.

Para acentuar a jocosidade da cena, adaptei os versos do texto original sobre a melodia de *A Time for Us*, que Nino Rota compôs para o filme *Romeu & Julieta* de Franco Zefirelli. Essa canção teve um enorme sucesso na época de lançamento do filme, tornando-se um emblema do romantismo adolescente, água-com-açúcar, que perdura até hoje no imaginário melômano. Ao retirá-la de seu contexto original – o drama do amor impossível – e colocá-la na boca do coveiro/*clown* de *Hamlet*, além do efeito patético, criou-se uma associação paródica no repertório do espectador (Romeu e Julieta) com relação à também trágica história de amor entre Hamlet e Ofélia.

Nessas duas cenas, as canções foram abordadas de forma diferenciada. Na primeira, a estrutura métrica original foi vocalizada de uma maneira mais livre,

---

11. "O que me interessa na ópera é a luta da voz contra a partitura. No teatro deveríamos tratar textos falados como música." Heiner Müller, *Guerra sem Batalha*, São Paulo: Estação Liberdade, 1997, p. 247.

com pausas e cortes irregulares estabelecidos a partir de um trabalho conjunto com a atriz e o encenador, levando em conta a dinâmica gestual/dramática desenvolvida para a cena. Foi a partir desse trabalho que optou-se pela criação de uma atmosfera onde os versos irrompiam e se interrompiam de acordo com uma determinada curva dramática.

Já na segunda cena dos coveiros, a canção emergiu como forma e estilo, tanto em termos estruturais como em sua historicidade. Ela invadia a cena motivada basicamente por um comentário crítico e contextual apoiado numa paródia negativa, que não deixava dúvidas quanto à reconhecibilidade de seu contexto de origem. Sendo usada em sua plenitude expressiva: forma/conteúdo/contexto.

A cena subsequente à paródia dos coveiros mostrava o cortejo fúnebre e o enterro de Ofélia com a presença de toda a corte. Para acentuar o procedimento paródico já utilizado na cena da loucura, com a recriação de células melódicas da cena correspondente da ópera homônima, procurei aí reforçar novamente a ideia de paralelismo (já explorada também com a citação da canção do filme de Zefirelli), agora entre o drama de Ofélia/Hamlet e o de Fausto/Margarida.

Para isso recriei a música originalmente escrita para a cena da morte de Margarida da ópera *Mephistopheles* do compositor e libretista (o preferido de Giuseppe Verdi) Arrigo Boito, estreada em Milão em 1868 e baseada no *Fausto* de Goethe, *exemplo 33, figura XII.*

Foram utilizados, como ponto de partida, quatro compassos que descrevem um movimento harmônico descendente de *mi* menor para *si* menor e que servem de acompanhamento para o lamento melódico da personagem no cárcere. Boito descreve a cena da seguinte maneira: "Prisão. Margarida sobre uma pilha de palha, cantando e divagando. Noite. Uma luz de lamparina refletida na parede. Grades ao fundo". Ela canta (no trecho escolhido): "Estou com frio, minha cela é escura, mas deixo meu coração triste vagar como uma andorinha na floresta, voando, voando...".

A analogia entre as personagens Ofélia e Margarida foi estabelecida mais a partir da atmosfera dramática que da lógica narrativa, uma vez que essas personagens têm características bastante diferenciadas, ainda que atravessem estados de ânimo similares ao longo de suas trajetórias dramáticas.

Assim, a partir da utilização da sequência original de acordes descendentes, iniciei um processo de recriação alterando os parâmetros básicos do trecho citado. Inicialmente ralentei o andamento da música, tornando os acordes mais longos, uma vez que a cena na qual seria inserida a música apresentava um cortejo fúnebre com sua velocidade característica.

O passo seguinte foi a escolha dos timbres. Para reforçar o caráter grave e marcial do cortejo, optei por usar um órgão Hammond com pedais sobreposto a outro órgão elétrico, o que conferiu à sequência de acordes a gravidade de uma *passacaglia.*

Figura XII

Prosseguindo com a atmosfera irônico-jocosa estabelecida pelos coveiros, busquei criar uma interferência sonora na textura severa e grave do órgão que pudesse trazer um certo sentido de cômico e que funcionasse como um *ruído* em relação à linearidade musical representada pela sequência de acordes.

Dando sequência à série de metáforas utilizadas nas cenas anteriores – como na famosa cena de Hamlet com a caveira – optei pela referência simbólica da figura do verme (aquele que realiza o último banquete...) como metáfora para utilização desse elemento perturbador (*ruído*) da textura sonora. Assim utilizei três Krummhorns[12] (soprano, contralto e tenor) tocados livremente, como que simulando uma conversa animada entre eles; de onde, por vezes, irrompiam certos gestos melódico-rítmicos típicos de fraseado do saxofone no *jazz*.

Esse antagonismo de sonoridades – de um lado a gravidade e o peso do órgão, e de outro a fragilidade e brejeirice dos Krummhorns – contemplava as duas dimensões de leitura dramática da música para a cena. Esse momento concluía a seção da composição, que fazia uso de procedimentos como a paródia e a citação.

Canção e Personagem

> *Se o canto com palavras deve ser pensado como fala entoada, o que é certo, então para qualquer cantor a questão principal é: "Quem está falando?".*

VIRGIL THOMSON[13]

O Musical – como gênero dramático-musical – apresenta algumas variações em seu formato, abrigando diferentes tipos de forma-canção e de interlúdios dramáticos e musicais. Por suas origens essencialmente sincréticas, que combinam elementos do teatro popular, das danças dramáticas, do circo, do vaudevile e do *Music-Hall*, pode com maior facilidade adaptar-se à linguagem do nascente cinema sonoro. Entre seus mais recentes subgêneros, destacam-se a ópera-*rock* e o videoclipe.

Um dos elementos mais importantes no Musical é a *canção de personagem,* que tem a função de apresentar a personalidade e a situação dramática de determinadas personagens. A música funciona como uma moldura, e a partir da diferenciação dessas molduras é que irá se delinear o conflito, estabelecendo o jogo dramático.

A canção de personagem pode assumir o tom de protesto, desafio, testemunho, mas sempre como expressão íntima da personagem. Entre suas fontes

12. Instrumento da família do oboé – palheta dupla – usado desde o século XV até meados do século XVII. Com um timbre anasalado apresenta uma sonoridade frágil e tosca, devido à conformação de seu tubo cilíndrico em forma de J.

13. *Music with Words*, New Haven/London: Yale University Press, 1989, p. 16.

principais está o *blues*, a mais importante expressão de canção na cultura afro--americana. O teatro negro norte-americano é uma das fontes mais ricas em se tratando da canção integrada à ação teatral[14].

Esse tipo de canção constitui-se a partir de concepções harmônica, melódica, rítmica e timbrística bastante características, que facilitem a sua memorização.

Em termos de construção da linha melódica, podemos recorrer à diferenciação entre melodia do tipo masculino e feminino que busca definir certos estados "psicológicos" do material melódico. Essa diferenciação tem suas origens na prática musical grega, que atribuía a cada modo melódico um *ethos*, um caráter. Ao longo do tempo, esse tipo de associação e diferenciação ganhou múltiplos contornos, mantendo entretanto alguns de seus dados básicos. Recentemente, o compositor austríaco Ernst Toch (1887-1964), autor de inúmeras composições para o teatro e o cinema, reelaborou essa diferenciação através dos modelos de melodia harmônica e melodia não harmônica:

A melodia harmônica se caracteriza pela direcionalidade, simplicidade, naturalidade e masculinidade.

A melodia não harmônica se caracteriza pelo velamento, refinamento, suspense, contenção, ternura feminina, suavidade, o toque erótico que vai da ânsia enternecida à paixão flamejante[15].

Formalmente a melodia harmônica, do tipo masculino, faz uso de um material melódico mais simples e de alta definição. Ou seja, usa sons pertencentes ao material harmônico básico nos tempos fortes ou acentuados, deixando os sons estranhos e de passagem para as partes não acentuadas do metro. Isso através do emprego de intervalos melódicos de alta definição tonal como a terça, quarta, quinta e oitava, que reforçam a base triádica da harmonia. A linha melódica assume curvas geométricas, com ângulos pronunciados expondo claramente os pontos de apoio melódico.

Não é à toa que, por sua clareza e direcionalidade, é o tipo de melodia empregada em marchas militares e hinos nacionais. O próprio Hino Nacional Brasileiro é um exemplo desse tipo de construção melódica.

Por tudo isso, a melodia de tipo masculino identifica-se com personagens fortemente matizadas que possam ser lidas de forma imediata, sem que seja necessário o estabelecimento de muitas nuanças para sua caracterização: herói, vilão, guerreiro, assassino, palhaço etc. É também usada normalmente na ambientação de cenas de batalha, comemorações; isto é, em situações bem determinadas. Serve para caracterizar personagens que expressam um tipo social genérico, em vez de uma individualidade original.

14. Sobre o assunto, consulte Geneviève Fabre, *Le Théâtre noir aux États-Unis*, Paris: Éditions du Centre de la Recherche Scientifique, 1982.

15. The Shaping Forces, *Music*, New York: Dover, 1977, p. 106 e s.

A melodia não harmônica, do tipo feminino, se caracteriza pela utilização de sons estranhos à harmonia nos tempos acentuados e por síncopas rítmicas que geram suspensão e ausência de clareza na direcionalidade da curva melódica. O uso combinado de uma grande variedade de intervalos melódicos diatônicos e cromáticos contribui também para que a curva melódica ganhe contornos mais complexos e assimétricos. Devido à sua natureza polimorfa, a melodia do tipo feminino possui grande elasticidade, capaz de expressar variações sutis nas matizes expressivas.

Por essas características mais flexíveis, a melodia do tipo não harmônica é mais identificada e associada a personagens complexas, ambíguas ou em constante modificação, inseridas em situações dramáticas com características muito particulares, menos reduzíveis a uma leitura unívoca. Como por exemplo um apaixonado, um assassino psicopata, um ditador sanguinário, um Príncipe Míchkin etc. Ou ainda uma personagem com alguma característica física marcante como um cego, um manco etc. Isto é, personagens que expressem sobretudo individualidades e particularidades.

É, ainda, o tipo de construção melódica usado normalmente para criar uma atmosfera espaço/temporal menos localizada e determinada. Alguns exemplos mais marcantes podemos encontrar na obra de Claude Debussy (1862-1918) (*L'Après-Midi d'un Faune, Jeux, La Mer*), nos movimentos lentos de diversas obras de Bela Bártok (1881-1945) (*Concerto para Orquestra, Música para Cordas, Percussão e Celesta, Suíte de Danças*), entre tantos outros.

A canção de personagem serve-se de todos esses recursos como dados objetivos, técnico-musicais, para buscar o tipo de curva melódica que expresse da forma mais adequada as características da personagem.

A *comédia com música – Happy End* (1929) de Bertolt Brecht (1898-1956) e Kurt Weill (1900-1950) – contém alguns exemplos da utilização desses dois padrões melódicos. Na segunda canção, *Der Kleine Leutenant des Lieben Gottes,* na qual Lilian, uma jovem e bela tenente do exército de salvação, faz sua exortação religiosa, Weill utiliza-se de uma melodia do tipo masculino com intervalos melódicos, harmonia e ritmos típicos de uma marcha, em contraste com a beleza e sensualidade da personagem. Já em *Surabaya-Johnny*, décima canção, utiliza uma estrutura diatônica (tipo masculino) para as estrofes com um tom mais descritivo e impessoal da canção, e para o refrão – onde Lilian assume um tom mais pessoal e passional –, cromatismos e suspensões na melodia (tipo feminino) e harmonia.

A dedução desses tipos ou arquétipos de construção melódica resultam de uma extensa literatura musical, que abrange diferentes tradições musicais e praticamente todos os gêneros musicais ocidentais; sua utilização dialoga em grande medida com o repertório e a capacidade de reconhecimento do espectador.

É justamente na manipulação desse estoque de informações preexistentes que reside muito da força narrativa da música de cena. Pureza de estilo e de meios técnicos são conceitos inaplicáveis e estranhos à dinâmica criativa da música de cena, uma vez que os materiais devem sempre estar a serviço do diálogo dramático.

Portanto, para o compositor, a adoção de uma informação mais ou menos próxima do repertório médio do espectador tem implicações determinantes e sua escolha deve ser resultante de uma opção consciente.

Por exemplo, ao adotar o sistema tonal como base harmônico-melódica da composição, o compositor encontra uma grande área de tangência em relação ao universo perceptivo do espectador. Logo, ao menos a princípio, haverá menos dificuldade com relação ao reconhecimento da *natureza* dos fenômenos sonoros.

A música de cena – de forma paradoxal – propicia uma maior flexibilidade estilística ao compositor, uma vez que nela ele se encontra livre para combinar diferentes padrões sonoros segundo as necessidades. Dessa forma, ao lado de uma sonoridade instrumental tradicional baseada no sistema tonal inserem-se ruídos – retrabalhados e processados –, assim como materiais melódico-harmônicos de características diversas, contemplando assim as infinitas variações de modulação de narrativa dramática.

Citação e Situação

Nos dias de hoje a coordenação de dados é tão importante quanto a própria criação deles. Estamos envolvidos numa bolha de informações que se entrecruzam de forma cada vez mais veloz, gerando conexões antes impensadas e instigantes.

Para a música de cena a capacidade em estabelecer conexões se relaciona diretamente com a capacidade de comunicar, de surpreender insolitamente.

Dessa forma, o universo sonoro ganha um *status* precioso, os seus dados são de certa forma zerados, não há condição prévia ou regra inicial para sua operação no discurso dramático. Nesse sentido, o procedimento de citação estilística, histórica ou do material puro, sem alterações, se imanta de um poder de polarização com os demais elementos que, em última instância, reinformam a sua função nesse novo ambiente proposto.

Essa combinação pode se dar nos diferentes níveis da linguagem sonora: no timbre, nas alturas, nos ritmos, na textura harmônica e melódica.

No *exemplo 34, figura XIII*, a combinação de elementos se dá a partir de três *ambientes* harmônicos diferentes. O primeiro é uma melodia retirada e adaptada do *Scherzando* do Quarteto n. 12 em Mi *b* maior, opus 127, de Beethoven, tocada pelo violoncelo e depois pelo primeiro violino. O segundo é a própria harmonização desse tema, constituída a partir de acordes independentes sem relação cadencial entre si e a melodia. O terceiro, um novo ambiente harmônico que se instaura a partir da finalização que – fugindo ao padrão de resolução proposto

Figura XIII

pelo movimento harmônico anterior – utiliza-se de trêmolos para interromper a dinâmica rítmica e gerar um movimento derivativo, suspensivo, não conclusivo.

Neste caso, o objetivo foi expandir a capacidade expressiva a partir de uma atmosfera reconhecível e familiar ao espectador (tonalidade). Desde um ponto de partida cômodo (tema-Beethoven), passando pela inserção de elementos estranhos até a sua dissolução, representada pelo desfalecimento da sonoridade no movimento do trêmolo com uma brusca interrupção.

A motivação narrativa para essa construção musical foi a relação amorosa dissimulada entre Regina e Oswaldo em *Os Espectros*, apenas sugerida e insinuada, mas nunca declarada e consumada.

O estilo beethoveniano entra no jogo musical como referência de escrita musical, que estabelece uma ponte entre o ambiente sonoro típico do romantismo e a situação dramática da cena. Instaura-se assim, de forma tangencial, um procedimento paródico que combina citação e situação.

Já no *exemplo 35*, dois elementos sonoros contrapõem-se em termos de textura, natureza e função. O clarone desenvolve uma linha melódica simples e monótona a partir de três sons, mas com alguma variação na disposição melódica e rítmica, apresentando variação na repetição. Já a outra sonoridade, de natureza eletrônica, desenvolve-se a partir de intervenções irregulares, seja em termos de timbre como de rítmica.

Os dois elementos não estabelecem pontos de contato ou causalidade entre si, suas naturezas sonoras estabelecem desde o início uma oposição entre som acústico e som eletrônico. O próprio universo acústico a que pertencem também é completamente diverso. Enquanto o material do clarone enquadra-se num sistema melódico diatônico, temperado, e suas durações são organizadas segundo o sistema métrico tradicional com valores proporcionais, o som eletrônico é um complexo de frequências não homogêneas (distâncias não regulares entre os sons) e com uma rítmica não mesurável pela escala de valores proporcionais. Cabe ao espectador relacioná-las, estabelecer as pontes e colocá-las em tempo de fruição, uma vez que não apresentam qualquer relação de causalidade no tempo e na textura musical, mas apenas no conceito composicional, como sobreposição de contrários.

Esse tipo de textura é bastante diversa da apresentada no exemplo anterior – criado a partir da melodia de Beethoven –; ela coloca o espectador numa situação sonora *fria* – de baixa definição – cabendo à sua percepção ativa a efetiva qualificação dos dados, promovendo a partir daí a sua síntese particular.

Como já foi dito anteriormente, esse tipo de combinação – que liberta o jogo sonoro da necessidade de construir-se a partir de um universo fechado, homogêneo – é uma das características particulares da música de cena. Essa heterogeneidade deve, no entanto, constituir-se numa malha de relações sonoras que valorize e privilegie justamente essa diversidade; caso contrário, a variedade trabalha a favor da dispersão, da indiferenciação.

Para que isso seja evitado – além do controle sintático sobre o formante sonoro – deve-se estabelecer os eixos de conexão entre os elementos. Enfim, a chave sintática que leva um elemento a se sobrepor ou se seguir de outro. Uma vez claro esse "texto", será possível reunir numa mesma narrativa sonora todo o tipo de material.

Uma citação, seja ela mais ou menos literal ou reconhecível, só faz sentido se acrescenta algum aspecto novo, que muda a situação seja da narrativa sonora, seja da textura sonora. O uso da citação, que provoca somente o seu reconhecimento chapado pelo espectador, pode ser usado ocasionalmente – desde que sustentado por uma chave de conexão funcional – mas, amiúde, seu efeito é de enfraquecimento da narrativa sonora, que se vê reduzida a um meio narrativo subordinado, ilustrativo apenas.

Da Estilização

Um conceito, símbolo, situação ou emoção dramática, lidos pelo compositor a partir de um universo preexistente e participante do repertório do espectador, coloca-o frente à questão da *estilização*, que também é determinada pelo parâmetro *tempo* x *espaço*: ou seja, se a encenação pretende se situar numa determinada época e lugar ou se pretende-se atemporal e não localizada.

A partir daí então o compositor vai proceder de maneira *positiva* ou *negativa* com relação aos dados estilísticos relativos a esses parâmetros.

De uma forma mais ampla, a estilização pode ser configurada a partir de um conceito prévio, uma conexão de ideias, situações e universos sígnicos. No entanto esse procedimento deve basear-se também, ou melhor, sobretudo, na ideia de invenção: "inventam-se convenções imaginárias que ninguém pode provar e que se tornam símbolos estilísticos de uma memória inexistente do passado"[16]. Pois, como notou Marvin Carlson, "o tempo e o lugar, no teatro, devem ser considerados ao mesmo tempo reais [e aqui acrescentaria *tempo real*] e imaginários"[17].

Inicialmente vamos tratar essa questão partindo de um conceito globalizante para depois nos aprofundarmos num detalhamento dos procedimentos e diferentes abordagens.

A encenação já referida de *Édipo Rei*[18] buscava abordar a tragédia a partir de uma leitura de câmara, isto é, com uma diminuição de escala que eliminasse excessos, tanto na interpretação dos atores como no próprio tamanho do

---

16. Peter Brook, *O Ponto de Mudança – Quarenta Anos de Experiêcias Teatrais*, Rio de Janeiro: Civilização Brasileira, 1994, p. 242.

17. Idem, p. 112.

18. *Édipo Rei* de Sófocles, direção de Márcio Aurélio. Estreada em maio de 1983 no Teatro Ruth Escobar, São Paulo.

espetáculo em termos de elenco, entonação do texto e concepção do espaço cênico. Ao enfatizar certos elementos – como a gestualidade das personagens – o encenador buscava uma maior concentração do foco de atenção cênico na atuação dos atores na condução da narrativa.

Esse enfoque direcionava a encenação no sentido de que as informações e referências (o que, em se tratando de *Édipo Rei*, cobre uma gigantesca literatura crítico-analítica e um imaginário social inesgotável, depois de Freud) fossem reduzidas à sua essência, constituindo assim seu repertório cênico. Ou seja, estilizar os procedimentos desse universo para conceber uma nova interpretação que mantivesse um diálogo com o gênero trágico.

Em consonância com essas diretrizes iniciei o trabalho de concepção musical a partir dos mesmos pressupostos. Procurei dissecar na própria estrutura da Tragédia Grega seus elementos formadores, no sentido de buscar os meios mínimos de sua expressão. A participação do coro combinou vários procedimentos, uma vez que o texto original desses coros foi reduzido a algumas linhas com um tratamento poético mais sintético, condensado em versos curtos e imagéticos. Foram combinadas, então, a voz ao vivo dos atores falando esse novo texto com vozes pré-gravadas num efeito de complementaridade sonora.

A partir da leitura do texto de Ernest Fenollosa, *Fenollosa on the Noh*[19], em que são analisadas certas semelhanças entre a Tragédia Grega e o teatro nô japonês, procurei fixar certos pontos de contato entre a estrutura de *Édipo Rei* e o teatro nô japonês e sua música, que me auxiliassem na concepção de minha leitura sonora da tragédia.

Segundo Fenollosa, "a influência dramática dos Gregos pode ser notada no *Hindoo*, no drama chinês e eventualmente no Nô japonês. [...] Todos os belos e lentos gestos *(nos dramas líricos japoneses)* desde o início do drama conduzem invariavelmente ao clímax com a dança do Herói (assim como os gregos planejaram para as danças do coro)"[20]. Ele relaciona ainda a estrutura frásica dos textos das cerimônias *shintoístas* com os coros gregos: "é curioso notar que a estrutura dos textos é sempre dupla, como a estrofe e a antiestrofe gregas. Eles *(os textos)* eram provavelmente cantados por coros duplos; e essa era sem dúvida a base da alternância ou diálogo coral"[21].

Optei por utilizar música pré-gravada e ao vivo, com flauta e percussão, instrumentos originais da música do teatro nô. A partir do estudo da música grega antiga, da música do nô e do recolhimento de algumas citações musicais transformadas, elaborei um roteiro de referências, sintetizadas no texto "A Música Trágica" publicado no programa do espetáculo que apresentava dessa forma as intenções composicionais:

19. Apud Ezra Pound, *The Translations of Ezra Pound*, Londres: Faber, 1954.
20. Idem, p. 279.
21. Idem, p. 276.

A criação musical deste espetáculo trabalha com dois dados principais: a recolocação de um *tempus* ritualesco no jogo teatral e um ajustamento entre palavra/gesto/som, buscando criar o que F. Fergusson chamou de "expectação ritual" no momento da realização teatral.

Utilizou-se alguns hinos gregos antigos que, através de uma pesquisa musicológica, tiveram suas partituras estabelecidas. Sobre o universo musical da Grécia Antiga, criaram-se formas derivadas e variadas. O ouvido musical da época era bastante sofisticado e sua linguagem musical estruturada sob três formas: diatônica, cromática e enarmônica. Era empregado nesse contexto o intervalo de quarto de tom, que só voltou a ser usado na música ocidental neste século.

Sobre esse material original e levando em conta sua estruturação, elaboraram-se os temas e seus desenvolvimentos.

A partir da dica Fenollosa/Pound sobre o teatro Nô, estabeleceu-se a instrumentação de palco. Análoga à do próprio teatro Nô dos espíritos: percussão e flauta. Sendo que pela flauta "fala" uma "outra" personagem que mantém um distanciamento da ação, mas que de forma quase "mefistofélica" participa de seu desenvolvimento.

A narrativa trágica é, por definição, econômica. Musicalmente também nos convida a concisão e a utilização do próprio fenômeno físico sonoro: o espaço acústico. O tempo (ritmo) trágico se aproxima do "outro tempo" do teatro Nô. Lembrando Thoreau: "Quando ouço uma sentença, ouço pés marchando". A detonação das forças simbólicas da tragédia somadas estabelece uma sobreposição de tempos que possibilitam uma leitura ideogrâmica do espetáculo.

A música não assume claramente um caráter apolíneo ou dionisíaco, como Nietzsche a situava na Tragédia. Ela se situa no campo da leitura arquetípica das personagens e, às vezes, até como um superego da própria história, que é um dos tabus da civilização cristã ocidental. Assim como Artaud encontrou no teatro balinês a essência da teatralidade que admirava, a busca da modernidade na remontagem de uma tragédia grega não pode abrir mão de referências a outras dramaturgias ritualizadas, contemporâneas ou não.

A arte da insinuação, eixo do teatro Nô, assume em *Édipo Rei* requintes de premonição perversa. Sófocles, através do jogo simbólico entre claro/escuro, estabelece uma duplicidade primária nos movimentos cênicos.

À música resta o isomorfismo dessa linguagem poética. Como exemplo disso podemos tomar o uso do "hino ao pastor" da *6ª Sinfonia* de Beethoven que, alterado em algumas notas e acoplado ao tema do "Adagio" da *9ª Sinfonia*, ajusta-se à intensidade dramática da personagem do Pastor, que revela a tragédia de Édipo. Na sequência do Arauto, elaborou-se um arranjo sobre a partitura do III movimento da *Cantata I* de Anton Webern ("Quando ressoarão as cordas sagradas de Apolo, que cantam as graças?"). Trata-se de uma adaptação da textura musical, simplificada em sua "melodia-de-timbres", numa miniatura do ideograma sonoro de Webern, o arquiteto da economia[22].

Assim, a partir do estabelecimento de paralelos entre a Tragédia Grega e o teatro nô, ou ainda, lendo *Édipo Rei* a partir da estética do nô, é que estruturou-se

22. Programa do espetáculo *Édipo Rei*, Grupo Tragói, São Paulo, Cooperativa Paulista de Teatro, 1983.

a estilização na composição musical. O coro, como já foi dito acima, em vez de entoar as estrofes originais do texto, tornou-se mais introspectivo, assumindo mesmo um certo tom contemplativo, como na encenação do nô, emitindo sons sobre vogais e entoando no máximo uma ou outra palavra-chave, ainda assim decupada em sílabas distribuídas nas diferentes vozes numa fita pré-gravada[23].

A música do teatro nô serviu ainda de referência para a concepção da música ao vivo, seja na instrumentação como no estabelecimento de padrões rítmicos e melódicos. A própria forma de inserção do som na cena manteve uma certa independência com relação aos eventos cênicos, como se obedecesse a um ciclo próprio. Não atuou apenas com a função de acentuar, antever, indicar ou insinuar, mas buscando estabelecer um canto paralelo, descolando-se do tempo real da cena, à maneira da música no nô[24].

Todo o material musical, portanto, constituiu-se a partir do conceito de estilização que operou como *filtro* e chave seletora no processo de composição. Dessa forma, em vez de um procedimento localizado sobre uma ou outra cena, personagem ou conceito da encenação, a estilização configurou-se como parâmetro unificador dos elementos sonoros.

De forma geral, o procedimento de estilização comporta diferentes formas de concepção com resultados específicos. Cabe lembrar aqui a advertência de Ferdinand Brunetière, que contrapunha-se ao naturalismo de Zola, argumentando que "o naturalismo lidava antes com o atual que com o real e se contentava com a mera acumulação de dados fatuais, [...] o verdadeiro naturalismo deveria abordar 'tudo da natureza, o interior e o exterior, o invisível e o visível' "[25].

A *estilização por associação*, por exemplo, remete o objeto elegido diretamente ao seu universo original qualificando-o, no entanto, de uma forma nova (incorporação positiva) segundo as necessidades dessa associação estilística, sem contudo alterar a estrutura formadora básica de seus elementos[26].

Thomson cita o fato de que Mozart usava os metros e ritmos em suas óperas associados às classes sociais partícipes de uma determinada cena. "Minuetos para os ricos, danças campestres para os camponeses"[27].

O tema de *Calígula, exemplo 13, figura VI*, foi construído a partir desse conceito. Nele estão combinados dois lados constitutivos principais da personagem. Ou seja, a característica épica e militarista do Imperador romano; e a

---

23. Uma suíte da música de *Édipo Rei* pode ser ouvida no CD *Anjos Negros*, Demolições Musicais, 1995.

24. Sobre a música do teatro nô, consulte Akira Tamba, *La Structure Musicale du Nô*, Paris: Édition Klincksieck, 1974.

25. Ferdinand Brunetière, *Le Roman Naturaliste*, apud Marvin Carlson, *Teorias de Teatro*, São Paulo: Ed. Unesp, 1997, p. 278.

26. "[...] sugestão em vez de realidade, um símbolo em vez de uma imitação". Arthur Symons, *Plays*, New York: Acting and Music, 1909, p. 8, apud M. Carlson, op. cit., p. 296.

27. V. Thomson, op. cit., p. 38.

faceta delirante, que se relaciona ao crescente processo de insanidade que acomete o homem Calígula.

Na construção do motivo básico do tema da personagem estão combinadas essas duas informações. A primeira, constituída por um grupo de três notas ascendentes que arpeja um acorde maior – *lá / do # / mi* – num ritmo de impulso (tercina de colcheia) e que está estrutural e simbolicamente associado à ideia de afirmação, estabilidade e direcionalidade.

E a segunda, composta por três notas *fá* repetidas também numa tercina, imediatamente após a apresentação do primeiro grupo, e que agrega uma sexta menor em relação à nota de partida melódica (*lá*). Esse segundo elemento melódico altera o eixo harmônico do tema de *maior* para *menor*, desmontando a primeira sensação de direcionalidade com a quebra de expectativa melódica (em *lá* maior a sexta é maior, logo *fá #*). A repetição sequenciada de um mesmo som melódico acrescenta uma certa característica vocal à melodia, à maneira da prosódia vocal.

A *estilização por associação* costuma ser empregada na chamada música de época ou num tipo de música que busca estabelecer uma localização geográfica, seja de um país, região, ou de um contexto cultural típico. Alcança num compositor como Nino Rota um tal nível de invenção na recriação estilística, chegando a renovar e atualizar o universo de partida objeto da estilização. A partir do repertório estilístico da música italiana – e em particular, da música do sul – Rota estabelece essa associação a partir da acentuação de certas particularidades estilísticas – como os fraseados assimétricos com saltos imprevisíveis e a instrumentação – reduzindo o material original a seus elementos básicos e sua textura, ao essencial.

Na música para *Pasolini – Testament des Körpes*[28], *exemplo 36,* adotei essa forma de estilização acrescentando elementos musicais que citassem não apenas a música italiana de forma geral, como também o próprio universo sonoro de Nino Rota. O objetivo foi agregar à escuta do espectador a referência imagética dos filmes de Fellini e sua atmosfera musical característica.

A estilização foi concebida a partir dos seguintes elementos:

1. escolha do gênero: tarantela instrumental/Nino Rota.
2. elementos melódicos e harmônicos principais.
3. timbre (incluindo aí: instrumentação, forma de tocar e ambiência características).

---

28. *Pasolini – Testament des Körpes*, Choreographishes Theater dirigido por Johann Kresnik, produção da Deutsches Schauspielhaus Hamburg. Estreada em 26 de abril de 1996, Hamburgo, Alemanha.

Note-se que no *exemplo 36* foi suprimido o uso de uma melodia principal, para que a sonoridade se desenvolvesse de forma contínua e plana, sem enunciados, inícios e finalizações; em contraposição, foi empregada uma melodia de acompanhamento – segunda voz – típica do violão tenor na música popular italiana.

Quatro saxofones soprano fazem referência às vozes femininas típicas das canções napolitanas através de pequenas variações de entoação em torno de um uníssono; enfim, tocados com as modulações tonais típicas da voz humana.

O "fator Nino Rota" é introduzido através do xilofone, que em períodos assimétricos apresenta um motivo semelhante ao criado por Rota para a música do filme *Amarcord* de Fellini.

Pode-se estabelecer os elementos formadores de um estilo através do estudo de uma obra de referência, paradigmática. Após o estabelecimento desses elementos formadores, podemos também identificar os elementos subordinados e ornamentais, que podem banalizar e mesmo enfraquecer a aproximação frente a um determinado estilo.

Já a *estilização por deformação* (incorporação negativa) é uma forma mais complexa de elaboração. Nela, os elementos formantes do estilo são reprocessados através de um filtro crítico que incorpora um olhar externo (também quase sempre crítico), que tanto pode ser irônico como paródico e que, em vez de nos remeter ao estilo de origem, coloca ambos – estilo de origem e material retrabalhado – lado a lado em confronto simultâneo no diálogo da ação musical e cênica. Meierhold, num ensaio escrito sobre a arte das barracas, "insiste, de fato, sobre a necessidade de que o intérprete saia o tempo todo da figura encarnada, desnorteando assim o espectador que, a cada passo, vai de um plano semântico mal entrevisto para outro inesperado"[29].

Vários exemplos já apresentados neste livro utilizam a *estilização por deformação* como procedimento conceitual, como o *exemplo 1, figura 1*, que baseia-se numa leitura retrospectiva do repertório de marchas orquestrais (de Purcell, Handel, Berlioz, Liszt, Elgar, Souza até Stravínski), tanto em termos de instrumentação como na própria construção melódico-harmônica.

O motivo inicial do *exemplo 1*, um salto de quarta justa ascendente apresentado pelas trompas e seguido por sucessivas transposições nos outros instrumentos, faz referência ao estilo de curva melódica típico das marchas (melodia de tipo masculino), que se caracteriza pelo uso de saltos melódicos claros – de alta definição –, que possibilitam um fácil reconhecimento e memorização, facilitando a aproximação do espectador em relação ao universo sonoro tomado como referência e ao seu conteúdo simbólico subjacente.

---

29. Angelo Maria Ripellino, *O Truque e a Alma*, São Paulo: Perspectiva, 1996, p. 150.

Figura XIV

Figura XV

No tratamento dado à melodia que identifica a personagem do Pastor em *Édipo Rei* pode-se também observar o uso da *estilização por deformação*. Como já foi mencionado anteriormente, uma das referências musicais estilizadas foi a do "hino ao pastor" da *Sinfonia Pastoral* de Beethoven, *exemplo 37, figura xiv*. No processo de estilização foram preservadas a curva melódica original, a estrutura rítmica e a curva melódica. As alterações, ou *deformações*, se deram através da mudança de alguns sons da melodia (alterados cromaticamente) que afetaram tanto o equilíbrio tonal como a expressão musical da melodia, *exemplo 38, figura xv*. Essas alterações realçavam os maus presságios que antecediam a entrada da personagem do Pastor, prestes a anunciar a tragédia de Édipo.

A partir da marcha orquestral, *exemplo 1*, é possível observar que a estilização de forma geral se estabelece com a combinação entre *elementos formadores,* como o metro binário, a instrumentação que privilegia o naipe dos metais, os intervalos melódicos de alta definição e a direcionalidade harmônica; e *elementos deformadores* ou *interpretativos* do estilo adotado, como a pulverização melódica dos motivos (desmembrados em seus formantes básicos), a linha melódica que passeia pelos diferentes instrumentos numa espécie de melodia de timbres, os cortes e pausas que recortam de forma assimétrica o fluxo rítmico binário e, finalmente, por uma harmonia construída sobre acordes típicos do estilo mas tratados de forma livre, não cadencial.

O *arranjo* desempenha também um papel importante como elemento deformador de um estilo musical. Como notou Abraham Moles em *Kitsch*[30], a *desproporção* entre os meios empregados e as intenções e os materiais musicais provocam uma diferença de *escala* no próprio discurso musical, estabelecendo o patético, o cômico e mesmo o macabro, enfim, uma deformação. Como por exemplo, um trompete tocando sozinho, com entonação triunfante, uma melodia de acompanhamento de alguma sinfonia, ou seja, uma melodia sem razão de ser em si mesma. Ou então uma canção de cabaré tocada por um austero órgão de tubos de igreja etc.

Outras formas de deformação através do arranjo são obtidas pelo emprego excessivo de efeitos de processamento sonoro, como reverberações, *delays*, ecos etc.; do uso repetitivo de efeitos de orquestração típicos da música *kitsch* (que exacerba na verdade o repertório de orquestração do século xix), como dobras à oitava, emprego de triângulo ritmado, glissandos de harpa, ornamentação excessiva, *ostinatos* expressivos, repetição a oitava, entre outros tantos.

Por tudo isso, o arranjo é mais uma ferramenta importante para o compositor de cena. Através dele estabelece-se uma ponte direta entre a memória musical do público e o ponto de vista do compositor e da encenação.

---

30. Abraham Moles, *O Kitsch*, São Paulo: Perspectiva, 1971, p. 130 e s.

ATO III

Sobre o Músico e o Espaço Cênico

O espaço cênico cria a sua própria realidade e temporalidade. A forma com que o som irá intervir na construção dessa nova realidade depende inicialmente de uma leitura global da encenação. Ou seja, a partir da identificação de *que* ou *quais* espaços; e do *quando* e *como,* ao longo do tempo *real* da encenação.

O primeiro ponto se refere à textura do som, se é pré-gravado (acionado por fitas, CDs, computador em tempo real) ou se utiliza músicos tocando ao vivo. Em seguida, segundo os objetivos de criação do espaço como um todo, *onde* e de que forma serão colocados os pontos de emissão sonora.

A partir daí, o compositor se defronta com as seguintes questões: quais são as relações entre a cena e a música? A música e/ou o músico são personagens na trama? Personagem-músico? A presença do músico será neutra ou ativa?

Essas questões devem ser colocadas preliminarmente, pois a elas se relacionam os tipos de intervenções sonoras a serem criadas.

A presença do músico no palco do teatro nô, por exemplo, é extremamente codificada. Sua partitura, ações gestuais e colocação no espaço fazem parte de um código preestabelecido, conferindo a ele uma função bastante precisa dentro da encenação. A localização espacial do músico em cena integra-se às linhas da narrativa, conferindo portanto a esse elemento espacial uma relevância que deve ser considerada e deverá estar integrada ao tipo de trabalho sonoro a ser desenvolvido[1].

Num gênero completamente diverso como o cabaré ou o café-concerto, a presença do músico em cena também encontra-se codificada *a priori*. Ele desempenha o papel de si mesmo, ou seja, uma *personagem-músico.* É o veículo responsável por comentários diretos ou distanciados em relação às ações cênicas,

---

1. "Geralmente, a forma de uma montagem operística é determinada tanto (senão mais) pela forma do teatro quanto pelo diretor. Além do mais, a dignidade do músico é rebaixada quando o colocam num buraco no chão; isso reflete uma atitude típica do século dezenove, o patrão acima e os criados abaixo das escadas. Parte da beleza do teatro javanês vem do fato de que todos os músicos estão à vista." Peter Brook, *O Ponto de Mudança – Quarenta Anos de Experiêcias Teatrais,* Rio de Janeiro: Civilização Brasileira, 1994, p. 238.

bem como pelo suporte musical para as canções apresentadas pelas demais personagens. Em geral, não recebe uma caracterização muito determinada, mantendo uma não pessoalidade, é apenas o músico, instrumentista.

Por outro lado, na medida em que a presença do músico integra a cena como personagem da trama, ela se torna uma ponte direta entre a ação e o espectador. E dada a natureza diferenciada de sua intervenção, pode colaborar na integração dos espaços interno e externo da cena.

Como fenômeno de *interrupção* do discurso verbal da cena, a música estabelece a sua própria temporalidade ao mesmo tempo em que promove um deslocamento na qualidade de definição da informação cênica.

Não se deve nunca perder de vista o fato de que a audição de um espetáculo é construída pelo espectador em tempo real. Ou seja, o compositor fornece os parâmetros de *forte* e *fraco*, de *agudo* e *grave*, de *estridente* e de *suave* – que se estabelecem em termos comparativos – ao longo da encenação.

A localização espacial do músico deve portanto estar relacionada à função desempenhada pela música. Por exemplo, na ópera europeia a orquestra se localiza *entre* os cantores (a ação cênica) e o espectador, no fosso. Essa localização tem também as suas razões acústicas, promovendo um abafamento do volume da orquestra e auxiliando na mistura dos sons dos instrumentos com as vozes, o que por outro lado também requer a utilização constante do proscênio pelos cantores, limitando em certa medida a marcação cênica e o uso do palco.

Além das razões acústicas para essa disposição espacial, que mistura o som da orquestra emitido de baixo para cima com o som das vozes que atravessa o espaço da orquestra reverberando diretamente ao nível do espectador, ela é também o resultado da dupla natureza da expressão operística, verbo e som.

Na cena teatral a presença do músico pode assumir as mais diferentes funções. Os gêneros derivados da tradição popular (desde os espetáculos de festas populares, cuja herança remete às feiras da Idade Média) oferecem um espaço diferenciado que coloca o músico à parte da cena, seja como mestre de cerimônias, *clown* ou comentador que se dirige diretamente à plateia, rompendo o ilusionismo da cena dramática.

Em *Hamlet*, Shakespeare faz diferentes usos da inserção da música e dos músicos em cena. Através da música a personagem-título elabora algumas questões e reflexões fundamentais do seu discurso. Como na cena em que propõe uma metáfora entre a fluidez dos sons da flauta e os conceitos de verdade e mentira. Ou na própria pantomima, onde revela, de forma teatralizada, o assassino do pai. Nestas duas cenas a música tem uma participação extremamente ativa, completamente integrada ao discurso verbal.

O espaço físico destinado ao músico no palco deve esclarecer e facilitar a leitura de sua *função* dramática em cena. Na ópera, como já vimos, ela é muito clara: está a serviço de uma partitura que comanda os demais parâmetros. No cabaré, em alguns casos, o músico se vê transportado para o palco, mas ainda a serviço de uma partitura preestabelecida, sem vida própria, instalado muitas vezes como parte do *decór* (mantendo-se numa disposição realista segundo o tipo de ambiente).

Em outras situações no teatro, ele pode desempenhar uma personagem, que pode fazer parte de uma maneira mais ou menos intensa da trama principal.

O Teatro Musical contemporâneo concebe e organiza simultaneamente texto, som, gesto, imagem, espaço e tempo. Dessa forma, a localização do músico em cena está desde a concepção do espetáculo integrada aos demais elementos em jogo.

Na série de composições *Europeras 1-5,* John Cage divide um palco de ópera convencional em dezenas de pequenos quadrados numerados. Uma sequência numérica elaborada segundo operações de acaso (*I-Ching*, jogado através de um programa de computador) fornece uma ordem de utilização sequencial desses quadrados. São sorteados também os trechos musicais, retirados do conjunto do repertório operístico europeu, que os cantores deverão executar posicionados nesses quadrados, também segundo uma ordem casual. Obtém-se então uma sobreposição de personagens, tramas, idiomas e estilos musicais que compõem um olhar caleidoscópico sobre a ação operística, propiciando ao mesmo tempo a desconstrução do estilo bem como a "invenção" de um novo estilo[2].

O Teatro Musical contemporâneo integra das mais diferentes formas todos esses recursos num processo típico de bricolagem. À ampliação das possibilidades certamente se seguirá uma depuração e filtragem dos procedimentos que representará uma síntese expressiva de nossa época. Integra-se totalmente numa tradição de espetáculo popular que remete às próprias origens do jogo dramático. O próprio Cage, talvez o maior desconstrutor da forma como elemento fixo e organizatório, admite que as *Europeras* "são um trabalho cômico que segue o espírito de *Hellzapoppin*"[3].

Sobre o Ruído: Sons Reconhecíveis e Irreconhecíveis

> *Onde quer que estejamos, o que mais ouvimos é ruído. Quando ignoramos isso, isso nos incomoda. Quando ouvimos isso, isso nos fascina.*
>
> JOHN CAGE[4]

2. Herbert Lindenberger, *Regulated Anarchy: The Europeras and the Aesthetics of Opera*, apud John Cage, *Composed in America*, edited by Marjorie Perloff & Charles Junkerman, Chicago: The University of Chicago Press, 1994.

3. "*Hellzapoppin* foi a peça de maior sucesso comercial na Broadway nos anos 30, com 1.404 apresentações entre 1938 e 1941." Um espetáculo que combinava projeções de cinema, *sketches* de humor, números de circo, *clown*, acrobacia etc. Citação de William Fetterman, *John Cage's Theater Pieces – Notations and Performances*, Amsterdam: Harwood Academic Publishers, 1996, p. 170.

4. *Silence*, London: Marion Boyars, 1961, p. 3.

O uso de ruídos na música de cena coloca-nos a questão dos sons reconhecíveis e irreconhecíveis. Esteticamente, a questão do ruído tem sido tradicionalmente colocada nos termos da dualidade som musical e som não musical. Tecnicamente, a característica principal do que se denomina comumente *ruído* relaciona-se a uma grande complexidade dos formantes internos que geram uma instabilidade, assimetria e imprevisibilidade intrínsecas ao material sonoro.

Conceitos fundamentais como instrumento musical, timbre, temperamento, harmonia e espaço musical sofreram constantes alterações nos últimos quatrocentos anos e mais intensamente neste século. O mesmo se deu com o conceito de ruído, com consequências diretas na própria fisiologia e recepção estética do som.

Os novos meios tecnológicos de geração e processamento sonoro propiciam a criação de sons e mesmo ambientes sonoros inéditos e não miméticos, o que torna obsoleta a dicotomia som musical/ruído. Nessa nova realidade, o conceito de *timbre* vem assumindo uma importância cada vez maior na concepção do jogo sonoro. Hoje em dia, ele ocupa um espaço cada vez mais central na formulação e análise do fenômeno sonoro.

Para a música de cena a questão timbrística coloca-se de forma particular. Para ela, a diferenciação entre som musical (instrumental) e ruído[5] (não musical) cede lugar para a diferenciação entre *sons reconhecíveis* e *irreconhecíveis*[6], e também para uma operacionalização do material sonoro como *objeto sonoro*, objeto de cena.

A percepção da dupla articulação do som, seja como fenômeno acústico e elemento referencial dentro de uma narrativa, é determinante na qualificação a ser estabelecida pelo compositor de cena ao eleger um determinado elemento sonoro.

Ou seja, a carga simbólica que relaciona um som a uma imagem, estado de espírito, lugar, tipo ou situação social constitui a essência da articulação narrativa do som, seja ele relacionado e associado como ruído ou som musical.

Uma vez que a criação da música de cena não parte de nenhuma situação apriorística, mas formula-se em conjunto com a própria concepção da encenação, o universo sonoro se encontra zerado qualitativamente. De sua utilização

---

5. Os Futuristas italianos nas primeiras décadas do século XX foram os pioneiros na liberação estética do ruído como elemento integrante do jogo musical. O Teatro Futurista Sintético incorporava os ruídos como a expressão sonora de uma sensibilidade dinâmica e nova, em contraposição ao "teatro passadista", como proclamavam os autores do "Manifesto do Teatro Futurista Sintético" de 1915. Este texto pode ser encontrado no livro *O Futurismo Italiano – Manifestos,* organizado por Aurora Fornoni Bernardini, São Paulo: Perspectiva, 1980. O texto básico da música futurista, no entanto, é o livro *L'Art des Bruits* de Luigi Russolo, Lausanne: L'Age d'Homme, 1975.

6. "O outro meio de usar o ruído para efeito dramático diz respeito ao som irreconhecível. O som que lhe tira da cama durante a noite. Em se tratando de uma voz, se você não reconhecer a de sua esposa, de seu filho ou de alguém da família, e sendo-lhe totalmente estranha, bem maior será a sua inquietação. Os ruídos têm essa qualidade: não sugerem inevitavelmente a sua origem e certos barulhos podem ser usados, por assim dizer, incógnitos." Alberto Cavalcanti, *Filme e Realidade*, São Paulo: Martins, 1959, p. 162.

em determinada situação e contexto é que emergirá o seu sentido e classificação. A princípio, um violino faz parte da palheta sonora tanto quanto o som de uma gota d'água que cai sobre o metal, ou então, de um lancinante grito de horror.

Historicamente, a emancipação do "ruído" como elemento integrante do jogo musical remonta a invenção dos meios mecânicos, e consequentemente dos objetos sonoros mecânicos como relógios, motores a tração, brinquedos mecânicos e muitas outras aplicações ligadas ao processo de mecanização e industrialização.

Na música de cena, os ruídos, além da função marcadamente mimética, podem colocar um dado imitativo a serviço de uma intenção dramática bastante específica. Explico: a seleção de ruídos reconhecíveis e sua manipulação dentro de um determinado ambiente, como por exemplo, uma estação ferroviária, pode transformar esse ambiente numa atmosfera opressiva ou bucólica, nostálgica ou futurista.

O encenador e teórico russo Constantin Stanislávski, conhecido por suas pesquisas em torno de uma estética teatral naturalista, dedicava-se à criação de "atmosferas" ruidistas numa

[...] sagaz mixagem de "ruídos *off*", fazendo do palco um viveiro de sons alusivos. Em sua partitura, a vida de província (criada para a encenação de *As Três Irmãs* de Tchékhov), acossada pelo desejo de Moscou, é como uma eterna ronda de pequenos bondes [...] Para exprimir o desconsolo, a pena que vibra impalpável naquelas falas dispersas, naqueles estilhaços de diálogo, marcheteria de pensamentos divergentes, recorre a uma série de sinais acústicos que servem de condensadores de "atmosferas"[7].

O detalhismo com que Stanislávski construía suas "atmosferas" acústicas, buscando a precisão na concepção dos detalhes sonoros de uma "atmosfera", era essencial para o desenrolar dramático, estabelecendo um diálogo constante com as motivações dramáticas das personagens. Tal *féerie* sonora levou o próprio Tchékhov a comentar, segundo relato de Stanislávski: "Escuta! Escreverei uma peça nova que começará deste modo: 'Que maravilha! Que silêncio! Não se ouvem pássaros, nem cães, nem cucos, nenhuma coruja, nenhum rouxinol, nenhum relógio, nem guizos, um grilo sequer'"[8].

Não há como não relacionar em certa medida o trabalho de construção dessas "atmosferas" com as técnicas da edição de som no cinema. Mas Stanislávski procurava também ir além do efeito realista, criando um espaço sonoro carregado de simbolismo dramático, capaz de interagir com os demais elementos no jogo cênico. Era comum também Iliá Satz, compositor do Teatro de Arte, "compor orquestras de brinquedos musicais, mas já Stanislávski, em *Snegúrotchka*, havia amontoado um conjunto bizarro de apitos e matracas"[9].

7. Angelo Maria Ripellino, *O Truque e a Alma*, São Paulo: Perspectiva, 1996, p. 34.
8. Idem, p. 48.
9. Idem, p. 229.

De uma outra forma, o trabalho do *sound design* Hans Peter Kuhn – frequente colaborador do encenador norte-americano Robert Wilson – traz para o palco o elemento sonoro em sua materialidade. Ele desenvolveu um procedimento que chama de "sons discordantes" e que constitui-se na acoplagem de dois sons, retirados de seus contextos originais, mas que não chegam a formar uma combinação concordante, um dueto. Kuhn e Wilson pretendem trazer para o primeiro plano da cena a experiência acústica pura do som, concreta, "dissociada da representação e do significado"[10].

Dessa forma, buscam atingir a escuta do espectador menos pelo racional e lógico e mais pela liberdade poética do signo não localizado. Mas, ao contrário de uma desorientação, Kuhn explica que: "meu objetivo não é desorientar o público. Eu quero despertar as pessoas que passam suas vidas como sonâmbulos perambulando numa neblina eterna [...] estou interessado na linguagem como *musique concrète*"[11].

As construções sonoras de Hans Peter Kuhn recuperam para a música de cena conceitos retirados do universo da instalação sonora desenvolvidos a partir dos anos de 1960 pelo grupo FLUXUS, entre outros. Em torno dos *happenings*, e das chamadas *performances* – muito em voga nos anos de 1980, como expressão de um jogo dramático antidiscursivo –, a linguagem sonora experimentou novos suportes discursivos e mesmo físicos, explorando bastante a recepção sonora no sentido psicoacústico.

Mas talvez tenha sido o escritor e dramaturgo irlandês Samuel Beckett o pioneiro nessa apropriação dramático-sonora do espaço cênico. Ele já trabalhava o som a partir do conceito de *ponto-de-escuta*, que se estabelece a partir da triangulação entre um emissor, um receptor e um espaço que confere uma interação dinâmica.

Mas, num primeiro momento a inserção do "ruído" se deu de forma paródica, referencial e imitativa.

Os construtivistas russos viam essa inserção também como uma afirmação ideológica da integração entre trabalho produtivo e prazer estético, vida e arte. Nos primeiros anos da Revolução Russa, certas regiões industriais organizavam execuções musicais integrando várias fábricas com suas chaminés, sirenes e equipamentos industriais que eram "tocados" segundo uma partitura preestabelecida. Era uma resposta contundente, proletária, aos "meios burgueses" da música sinfônica europeia.

Os antecedentes históricos do uso de equipamentos mecânicos integrados à música instrumental remontam a metáfora ideada por Joseph Haydn na sua *Sinfonia dos Brinquedos*.

---

10. Arthur Holmberg, *The Theatre of Robert Wilson*, New York: Cambridge University Press, 1996, p. 177.

11. Idem, p. 176.

Mas foi mesmo na primeira metade do século xx que, além dos futuristas italianos já referidos, as pesquisas se intensificaram e se diversificaram.

Os bolchevistas russos nos anos de 1920 criaram as peças "sinfônicas" que imitavam o movimento mecânico das fábricas com suas engrenagens e sirenes, cujo ponto alto é a peça sinfônica *Fundição de Aço* de Alexandr Mosolov.

Tomaram impulso as experiências de inventores de instrumentos como as do russo Leo Theremin, criador do *Theremin* e do *Thereminvox* entre outros instrumentos elétricos. Seu *Theremin* ficou bastante conhecido, chegou mesmo a ser usado até por um tardo-romântico como S. Rachmáninov. Do francês Maurice Martenot, que inventou em 1928 as ondas Martenot, instrumento elétrico de teclado usado por diversos compositores franceses como Honegger, Jolivet e Messiaen; e ainda, na busca por instrumentos originais com escalas microtonais, com as pesquisas do tcheco Alois Hába, do mexicano Julián Carrillo, do russo Iván Wyschnegradsky e do norte-americano Harry Partch, entre outros.

E, por fim, a contribuição das experiências timbrísticas de compositores como Edgard Varèse, Erik Satie, George Antheil, Charles Ives, Lou Harrison, John Cage, Conlow Nancarrow, para relacionarmos apenas alguns dos mais importantes. Todo esse novo arsenal instrumental e mesmo conceitual criou uma nova dimensão em termos de material e campo de trabalho.

Em *Entr'Acte*, escrita para o filme homônimo de René Clair (1924), Erik Satie acrescenta ao instrumental de uma orquestra convencional máquinas de escrever, objetos ruidosos e um revólver. Nessa obra, em vez desses sons desempenharem uma função referencial, o seu emprego é que transformava a própria orquestra (de instrumentos convencionais) em paródia de si mesma. Ela se convertia no símbolo de um passadismo, em contraposição ao *mundo novo* dos ruídos e sons mecânicos.

Buscando libertar sua linguagem sonora da dicotomia entre som musical e ruído, o compositor franco-americano Edgard Varèse (1883-1965) integrou os instrumentos de percussão (incluindo o piano) a fontes sonoras eletromecânicas, como sirenes (aguda e grave). *Ionisation* de 1931 foi o ápice dessa pesquisa de neutralização e renovação da percepção do som como fenômeno físico-acústico, nela Varèse abandonou hierarquias timbrísticas preestabelecidas no jogo musical, criando um campo sonoro onde atuavam com a mesma importância os instrumentos convencionais e elétricos.

Mas talvez tenha sido do compositor norte-americano George Antheil (1900-1959), conhecido como o *bad boy* da música nos anos de 1920, a obra mais representativa desse período de transição entre meios instrumentais tradicionais, meios mecânicos e instrumentos elétricos (como as *ondas Martenot* e o *Theremin*). A peça *Ballet Mécanique* de 1925 – composta para instrumentos mecânicos e percussão (dividida em movimentos, cada um representando um rolo de pianola) – foi criada originalmente para o filme homônimo de Fernand

Leger. Escrita para pianola, dez pianos, oito xilofones, quatro tambores-baixo (*bass drum*), sinos elétricos, sirenes e motores de aeroplanos[12].

Uma versão de concerto estreou em Paris em 1926, causando impacto semelhante ao da *Sagração da Primavera* de Stravínski.

A construção musical do *Ballet Mécanique* abandonava o uso paródico dos "efeitos sonoros" ao mesmo tempo em que tangenciava elementos da música popular norte-americana como o *ragtime* e o *jazz*. Antheil buscava liberar sua construção sonora dos esquemas tradicionais através de uma rítmica simples, mas obsessiva, e de uma homofonia instrumental repleta de *tuttis* em *ostinato* com gestos melódicos característicos, como acordes percussivos (aquisição do primeiro Stravínski), alternância brusca de registros graves e agudos e silêncios com uma função própria, não apenas como respiração do metro. É sem dúvida uma obra obrigatória na música deste século.

Como já foi dito, fisicamente o ruído e o som instrumental apresentam características próprias e diferenciadas. Agora vamos agregar a esses dois elementos um terceiro – que acrescenta os parâmetros da espacialidade e da textura tanto do ruído como do som instrumental – que, por suas texturas específicas, é muito útil para a música de cena quando se busca criar um efeito de profundidade ou mesmo de espacialidade: o *ambiente sonoro, exemplo 39*.

Em termos técnicos, o *ambiente sonoro* é a expressão da *qualidade de ressonância do som no espaço*. Por exemplo, sala grande: ressonância longa; quarto pequeno, cubículo: ressonância curta, curtíssima, e assim por diante. Assim como as ressonâncias características de espaços como túnel, banheiro, caverna etc.

No *exemplo 39*, observamos dois *ambientes sonoros* bastante distintos: um que apresenta o som longo do saxofone soprano frontal, chapado, sem profundidade, com toda a gama de ruídos de sopro, respiração e salivar; e outro, entubado, profundo, com vozes e cochichos. A alternância desses dois *ambientes,* sem que haja uma transição e mesmo uma mistura entre eles, cria um movimento interno da escuta na música entre espaço frontal e espaço entubado, afastado, que se propõe dialogar com as texturas da dança para essa cena, concebidos a partir dos dados propostos pelo encenador. Dessa forma são explorados os dois planos dramáticos criados para a cena: um, a solidão do dançarino (um som/ um *performer*) com muletas e próteses metálicas – numa coreografia cheia de contorções e gritos –; e outro, a projeção de sua situação dramática, como se ele estivesse ouvindo as vozes dentro de sua própria cabeça, numa espécie de

---

12. É possível encontrar o *Ballet Mécanique* em duas gravações que apresentam versões diferentes da obra: *George's Antheil's Ballet Mécanique* com recriação da versão apresentada em 1927 no Carnegie Hall sob a regência de Maurice Peress, CD MusicMasters Classics, 1992; e a gravação com o Grupo Instrumental Holandês sob a regência de Reinbert de Leeuw, numa versão com efetivo instrumental reduzido: *George Antheil*, LP Telefunken / Chantecler, 1978.

subjetiva sonora. Por isso, as vozes sussurradas se encontram num espaço acústico entubado e distante.

A característica principal do *ambiente sonoro* é construir com clareza um ou mais espaços sonoros, dentro do espaço cênico, através da forma de sua ressonância[13].

A ideia de *ambiente sonoro* foi usada inicialmente na música de cinema para, na maioria das vezes, auxiliar no estabelecimento de uma paisagem sonora realista (mimética, imitativa) em relação a um espaço acústico apresentado: sala de estar, salão grande, bar, interior, paisagem campestre, rua movimentada etc.

Evoluiu em direção à sua independência, já liberado das funções imitativas, e hoje é um dos recursos mais poderosos e eficientes de sonorização no cinema.

Desenvolveu também a sua autonomia no sentido de integrar-se a outras linguagens como as artes visuais nas chamadas instalações visuais e multimídia.

Outro aspecto importante com relação à *ambientação sonora* é sua grande capacidade narrativa, uma vez que situa espacialmente o espectador.

A reconhecibilidade do som atua em duas direções diferentes: a primeira, no sentido de reforço mimético, imitativo, que pode se dar de maneira sincrônica ao evento cênico (como na sincronização de *ruído de sala* no cinema), ou ainda em termos de ambientação geral (sonoridade de fábrica, floresta, cena noturna etc.). A segunda direção é aquela que visa provocar estranhamento, conflito ou humor sem que haja perda de reconhecibilidade do fenômeno. Por exemplo, uma porta que ao ser aberta declancha o som de um mugido de boi no campo.

Aliás, a inserção de um evento fora de seu contexto original – desde que mantidas suas características básicas originais – é uma das formas mais eficientes de se criar humor[14].

Portanto, o compositor deve estar atento às potencialidades de significação de cada evento sonoro empregado, procurando exercer o maior controle possível sobre as possíveis associações que se agregam ao signo sonoro em suas projeções na tela/mente do espectador.

Dessa forma, o conceito global da composição de cena deve incorporar com o mesmo *status* os sons de uma forma geral, sejam eles classificados como ruídos ou "musicais". A alternância entre *sons reconhecíveis* e *irreconhecíveis* possibilita uma variação timbrística e estilística (bem como da temperatura informacional) que deve ser relacionada a elementos ou intenções de narrativa bastante claros, para que o emprego de elementos tão diversificados não provoque dispersão.

---

13. "Sempre acreditei que o ruído pode dar 'perspectiva' à banda sonora muito mais facilmente que a música." A. Cavalcanti, op. cit., p. 159.

14. Sobre o cômico e suas significações, consulte Henri Bergson, *O Riso*, Rio de Janeiro: Zahar, 1983.

A repetição reiterada de um mesmo som *irreconhecível* ao longo da encenação torna-o *reconhecível* ao espectador, que estabelece uma associação entre esse som e uma situação, ambiente ou personagem, e dele em relação a ele mesmo, como signo autônomo.

Esse jogo de reconhecibilidade é usado frequentemente nos gêneros policial e de suspense, às vezes como pista ou chave de um mistério a ser desvendado[15].

Sobre a Personagem/Som

Numa síntese de três das mais importantes correntes artísticas da primeira metade do século xx – futurismo, expressionismo e construtivismo – o espetáculo *L'Angoisse des Machines* (A Angústia das Máquinas), *síntese trágica em três tempos* de Ruggero Vasari, estreado em Paris, em 1927, era composto por personagens-som, personagens-robôs que representavam a crescente mecanização e robotização da sociedade e do ser humano. A encenação original empregava uma extrema formalização no tratamento de seus elementos: texto/oralização, cenário, figurino, gestualidade e som. As personagens obedeciam a um roteiro de movimentação que integrava gestualidade e oralização estilizadas[16]. Cada personagem era relacionada a uma máquina específica, e consequentemente a um ruído próprio, maquinal. Esses ruídos eram manipulados por um grupo de cantores e músicos – de cinco a nove – que entoavam um "canto das máquinas" composto por seis grupos de onomatopeias (*Tchouk Kouk/Vrrrr/Tic Tac/Hu Lu Hul/Sv Sv s/Ron Ron Ron*), acompanhados por instrumentos como sirenes, apitos, correntes etc.

A caracterização da personagem respondia, portanto, a um conjunto de elementos gestuais, verbais e sonoros. Esse trabalho, integrando compositor e encenador, estabelecia um novo patamar nessa parceria, ao elaborar as feições dramáticas da personagem através de sua expressão gestual, verbal e sonora.

A tradução sonora do perfil da personagem pôde então ser elaborada a partir de um conceito que sintetizasse sua natureza: humor, agressividade, avareza, esperteza, romantismo, sensualidade etc.

Esse perfil sonoro irá se acoplar à personagem como uma segunda pele que complementa as intenções a serem transmitidas pelo texto e gestualidade. Dessa forma, o emprego de um som irreconhecível ganha imediatamente uma face, uma vez que para o espectador ele passa a ser associado exclusivamente a uma determinada personagem.

15. Uma incursão através dos filmes norte-americanos e ingleses a partir dos anos de 1930, de Orson Welles, John Ford, Frank Capra e Alfred Hitchcock, revela inúmeras utilizações do som, em que a capacidade de reconhecibilidade assume um papel narrativo importante, às vezes central.

16. Um estudo completo sobre o espetáculo e sua encenação encontra-se em *Les Voies de la Création Théatrale*, vol. vii: Giovanni Lista, "L'Angoisse des Machines" de Ruggero Vasari, Paris: Éditions du cnrs, 1979.

Um outro aspecto a ser considerado, especialmente quando se emprega vozes humanas na composição, é a relação de *escala* entre voz individual e voz coletiva. As diferentes texturas vocais, desde a voz solo passando pelo grupo de câmara até o grande coral, provocam impactos sonoros e emocionais diferenciados no espectador.

O compositor de cena pode nesses casos operar tanto por apoio como por contraste em relação à realidade física do palco ou da tela, partindo dessa diferença de escala, bem como tecer uma malha entrecruzada de tons de discurso, conferindo maior ou menor identidade para essas vozes em relação ao discurso dramático como um todo[17].

No Brasil, Flávio de Carvalho criou em 1933 a peça/roteiro *Bailado do Deus Morto* no seu Teatro da Experiência em São Paulo (o espetáculo não chegou a estrear na época, impedido pela polícia). Nela, os diferentes elementos de cena assumiam a mesma importância na criação de uma ambientação fantasmagórica de um misterioso ritualismo. Entre outros elementos de cena, grandes máscaras de alumínio em recortes geométricos (à maneira de totens africanos estilizados) determinavam uma forma especial de vocalização para o ator que tinha a sua emissão natural filtrada pelo material metálico que funcionava também como ressonador. As indicações desses e outros efeitos encontravam-se especificados pelo autor no texto/roteiro, bem como as rubricas sonoras, que incluíam cantos, gritos, lamentos, tambores, instrumentos etc[18].

Essa peça é, sem dúvida, pioneira no sentido da integração e elaboração dos elementos cênicos em que os códigos verbais e não verbais adquirem a mesma importância, reunidos sob uma lógica sintética e multidisciplinar.

---

17. "No texto moderno as vozes são trabalhadas de modo a negarem a sua origem: o discurso ou, melhor ainda, a linguagem fala, é tudo. No texto clássico, pelo contrário, a maior parte dos enunciados tem uma origem, pode identificar-se o pai e proprietário: tanto é uma consciência (a do personagem, a do autor) como uma cultura (o anônimo ainda é uma origem, uma voz: a que encontramos no código gnômico, por exemplo); mas acontece, contudo, que nesse texto clássico sempre sobressaltado pela apropriação da palavra, *a voz se perde* [grifo meu], como se desaparecesse por uma fenda do discurso. A melhor maneira de imaginar o plural clássico é, talvez, escutar o texto como sendo uma troca cambiante de múltiplas vozes, moduladas em ondas diferentes e apoderadas, por momentos, por um *fading* brusco, cuja brecha permite à enunciação migrar de um ponto de vista para outro sem prevenir: a escrita enforma-se através desta instabilidade tonal (no texto moderno atinge a atonalidade), que faz dela um rogaçar brilhante de origens efêmeras", em Roland Barthes, *S/Z*, Lisboa: Edições 70, 1980, p. 38.

18. "Uma peça para ser cantada, falada e dançada: os atores usavam máscaras de alumínio e camisolas brancas, o efeito cênico era de um movimento de luzes sobre o pano branco e o alumínio", na definição do autor. Esse texto faz parte do livro *A Origem Animal de Deus* de Flávio de Carvalho, São Paulo: Difusão Europeia do Livro, 1969. Uma análise da peça e de sua remontagem em 1986 pode ser encontrada no texto "Oficina-Montagem: 'Bailado do Deus Morto'" em Livio Tragtenberg, *Artigos Musicais*. São Paulo: Perspectiva, 1991.

Examinemos mais detidamente as associações provocadas pela voz individual e coletiva de uma forma geral no espectador.

A primeira questão que o compositor de cena deve ter em mente no momento da escolha entre a voz individual e coletiva é: quem está falando? Ou seja, a sua função na encenação.

Através da voz individual expressa-se privilegiadamente, ou melhor, comumente, o lado subjetivo, o inconsciente, a exceção e o específico, uma voz com um corpo. É o espaço da personagem ("o espaço de expressão do drama e do mundo burguês", diria Theodor W. Adorno), do conflito dramático no âmbito do privado. Em termos musicais, é o espaço da lírica e da canção.

Já a voz coletiva, representada na música e no teatro ocidental pelo coro, é o espaço do conceito, da moral social e da autoridade, do discurso afirmativo, enfim, da objetividade. O coro, por conta de sua impessoalidade, nos distancia do devir temporal cronológico, estabelecendo uma irremediável ruptura com qualquer forma de ilusionismo dramático. Ele é, por definição, um recurso de interrupção, projeção e distanciamento[19].

É possível estabelecer diferentes relações entre essas duas formas básicas de narrativa e de dramaturgia vocal. Como, por exemplo, explorar o contraste entre uma personagem cujo texto cantado ou entoado se encontra na primeira pessoa do singular – *eu* –, com uma realização vocal que incorpora um coro ou ainda um dueto entre uma voz masculina e feminina, ou ainda vozes de naturezas diferentes: voz infantil e voz de velho, voz calma e voz histérica. Esse antagonismo de *escala* entre o texto, que se expressa no plano individual e sua realização sonora no plural, filtra e altera o tom intimista original, impondo-lhe uma outra temperatura na recepção do espectador que reorganiza esses dados básicos contrastantes. Esse procedimento *esfria*, de certa forma, a intensidade confessional da voz individual, mais reconhecível e próxima da experiência individual do espectador, propondo outros pontos de vista para o discurso.

Ou ainda, o contraste de textura e escala entre um coro ou um grupo vocal que se expressa na primeira pessoa do singular.

Pode-se relacionar, mesmo correndo o risco das generalizações, a intensidade da voz individual e coletiva com as funções desempenhadas pelo arauto e pelo coro na tragédia grega.

O coro, por sua própria natureza coletiva, impõe autoridade, nele se expressam com mais propriedade conceitos e juízos, a dimensão do senso comum, do bom senso, e do socialmente estabelecido; ao passo que a voz individual se coloca justamente no espaço da diferenciação, da dúvida e da exceção. Em termos

---

19. "Na medida em que interrompemos com maior frequência aquele que atua, tanto melhor percebemos seu gesto. Por isso a interrupção da ação ocupa o primeiro plano no teatro épico. Nela consiste a função formal das canções brechtianas com seus estribilhos rudes que partem o coração." Walter Benjamin, *Tentativas sobre Brecht* (Iluminaciones III), Madrid: Taurus Ediciones, 1975, p. 19.

estilísticos, pode-se dizer que essa diferenciação também se observa, a grosso modo, entre a lírica e a épica.

O emprego alternado da voz individual e coletiva sobre um mesmo material musical é uma forma bastante econômica de variação na repetição. Como o *exemplo 40*[20], em que uma melodia de caráter religioso é entoada por uma voz de baixo solo. Em seguida, *exemplo 41*, a mesma melodia apresenta-se na forma de um dueto de vozes femininas (estabelecendo um contraste de registro em relação ao exemplo anterior) que se desdobra numa imitação canônica, recurso típico da música barroca, contexto histórico que traz a referência da música religiosa cristã. Seguimos do individual ao duplo e finalmente ao coletivo, no *exemplo 42*, onde a melodia ganha definição verbal com o emprego do texto cantado (retirado de um soneto do poeta português Manuel Maria Barbosa du Bocage), bem como uma rítmica mais definida, propiciando o estabelecimento da textura coral, ainda que a uma voz basicamente (estão sobrepostas uma linha melódica entoada sem texto e outra, uma terça acima da melodia original).

Os últimos três exemplos incorporam também uma formulação modular da composição musical. Assim, ao longo do filme essa mesma melodia desloca-se da indefinição individualizada até a definição objetivada do coro, já com o texto de Bocage.

Um outro fator importante no uso da voz com texto em cena diz respeito à compreensibilidade do texto cantado no tempo real da encenação. Vale aqui lembrar a advertência do compositor Virgil Thomson (um mestre na combinação entre texto e som): "Hoje em dia o compositor que simplesmente escande o seu texto certamente está fazendo um serviço melhor do que aquele que compete com o texto buscando nos mostrar o quão profundamente ele o sente"[21].

Thomson, no mesmo livro, desenvolveu o conceito de *grupos de palavras* (*word-groups*), a partir dos quais escandia o verso localizando os seus pontos de corte, respiração, sentido lógico e principalmente rítmico.

Com relação ao texto cantado no *exemplo 42*, era importante que o espectador compreendesse cada palavra, cada artigo, para que o sentido do texto não se eclipsasse. Por exemplo, a diferenciação entre as palavras *racional* e *irracional* poderia desaparecer se houvesse uma elisão entre o artigo *o* que antecede a palavra irracional, e o fonema *i* de irracional.

---

20. Os *exemplos 40, 41* e *42* fazem parte da música do filme *Bocage – O Triunfo do Amor* dirigido por Djalma Limongi Batista, produzido em 1997. O texto da ladainha é a primeira estrofe de um soneto de Bocage:

> Filho, Espírito e Pai, três em um somente,
> Que extraíste do caos, do pó, do nada
> O Sol dourado, a Lua prateada
> O racional, o irracional vivente.

21. *Music with Words*, New Haven/London: Yale University Press, 1989, p. 2.

Assim, os versos foram escandidos segundo os "grupos e subgrupos de palavras":

Filho, Espírito e Pai, três em um somente,

Que extraíste do caos, do pó, do nada

O Sol dourado, a Lua prateada

O racional, o irracional vivente.

Também foi empregada, a fim de clarear a dicção de cada palavra, uma melodia silábica sem elisões de vogais, com praticamente um ataque (nota) para cada sílaba.

Finalizando, deve-se notar que o uso de vozes na música de cena sempre estabelece uma relação mais direta com o espectador, uma vez que coloca a textura sonora em escala com a sua dimensão, "a voz é nosso órgão mais sensível de expressão"[22]. Dessa forma, para que se obtenha um efeito de aproximação ou mesmo aquecimento na temperatura emocional de uma determinada situação, a voz humana é, sem dúvida, um elemento eficiente.

Na busca por libertar a voz da palavra e de seus significados lógicos ou realistas, bem como de um corpo identificável, o encenador Robert Wilson costuma trabalhar com vozes pré-gravadas contracenando com vozes ao vivo, com sua projeção sonora pulverizada por dezenas de alto-falantes espalhados no espaço, procurando assim descorporificar o gesto vocal até o limite da abstração, operando numa espécie de grau zero, a partir do fenômeno acústico em si.

Em seu estudo sobre o teatro de Wilson, Holmberg – que foi também seu colaborador – nos relata o processo de uma dessas desconstruções vocais: "Para a sequência do sonho de Maya (em *When We Dead Awaken* de Ibsen, espetáculo apresentado em São Paulo nos anos de 1990) o texto era falado por oito mulheres no palco em simultaneidade com oito fitas pré-gravadas – cada uma lendo a mesma linha de forma diferente. Ele orientava assim as atrizes: 'cada voz deve ser distinta e clara, mas quando forem reunidas, sua linguagem deve ser brilhante como rubis e esmeraldas, safiras e diamantes no baú de um tesouro real'. Eis algumas das qualidades que ele queria incluir: som nasal agudo, como um gato; um exorcista com sons aspirados pesados; *staccato*, registro médio monótono, dividindo as palavras em sílabas de forma discreta; um som de fantasma agudo, como um assobio; uma fala de impedimento; uma voz gelada e desapaixonada; alguém falando apenas as consoantes; alguém falando apenas as vogais.

22. Hans Peter Kuhn, apud A. Holmberg, op. cit., p. 176.

Wilson leu as passagens empregando todas essas formas que procurava, e então as atrizes o imitaram"[23].

A semelhança entre as pesquisas de Wilson e Kuhn no sentido de fazer a voz falar por si mesma, e a premonitória intuição de Roland Barthes ao final de *O Prazer do Texto* (premonitória porque hoje os equipamentos de edição digital possibilitam a manipulação da voz humana de forma microscópica) indicam para um nível de articulação da linguagem que não dispensa nenhum formante acústico da fala. Vale a pena uma transcrição resumida do texto de Barthes:

Se fosse possível uma estética do prazer textual, cumpriria incluir nela: *a escritura em voz alta*. Esta escritura vocal (que não é absolutamente a fala), não é praticada, mas é sem dúvida ela que Artaud recomendava e Sollers pede. *A escritura em voz alta* não é expressiva... por seu lado ela pertence ao genotexto, à significância... é transportada, não pelas inflexões dramáticas, pelas entonações maliciosas, os acentos complacentes, mas pelo *grão* da voz, que é um misto erótico de timbre e de linguagem... seu objetivo não é a clareza das mensagens, o teatro das emoções... o que ela procura (numa perspectiva de fruição) são os incidentes pulsionais, a linguagem atapetada da pele, um texto onde se possa ouvir o grão da garganta, a pátina das consoantes, a voluptuosidade das vogais, toda uma estereofonia da carne profunda: a articulação do corpo, da língua, não a do sentido, da linguagem... Basta com efeito que o cinema *tome de muito perto* o som da fala e faça ouvir na sua materialidade, na sua sensualidade, a respiração, o embrechamento, a polpa dos lábios, toda uma presença do focinho humano [...] para que consiga deportar o significado para muito longe e jogar, por assim dizer, o corpo anônimo do ator em minha orelha: isso granula, isso acaricia, isso raspa, isso corta: isso frui[24].

Poderíamos transpor esse espaço transversal do fenômeno de que nos fala Barthes para outras áreas da música de cena, como a *performance* musical e o emprego de técnicas diferenciadas de gravação.

O exemplo citado acima de Wilson apresenta indicações tanto para a *performance* como para formas diferentes de gravação de voz. Pois, para que seja possível a obtenção das diferentes cores vocais indicadas, é necessário que haja uma combinação específica entre a emissão e a captação da voz.

Para trazer à tona esse universo timbrístico é necessário que a tomada de som, ou seja, o posicionamento do microfone em relação ao corpo emissor (no caso a voz), responda de uma forma particular a cada uma das situações dramático-sonoras requeridas. Por exemplo, "um exorcista com sons aspirados pesados" requer um posicionamento do microfone próximo à emissão, mas de forma que o sopro resultante das aspirações não sature o sinal, gerando distorção, e que sua ressonância no espaço faça emergir essa fantasmagoria. Por outro lado, no caso da

---

23. Idem, p. 177-178.
24. R. Barthes, *O Prazer do Texto*, São Paulo: Perspectiva, 1977, p. 85-86.

voz que lê "dividindo as palavras em sílabas de forma discreta", requer também uma captação próxima, de forma a percebermos o sopro descontínuo e o ruído dos lábios na divisão das sílabas com uma ressonância mais próxima, mais seca.

É importante perceber que, da mesma forma que o espectador estabelece o seu *ponto-de-escuta*, a posição do microfone é que estabelece o ponto-de-escuta na tomada de som. Ele dá o ângulo, ou ângulos, da apreensão sonora do objeto, determinando em grande parte as suas características. Dessa forma, ao contrário da gravação convencional, a música de cena requer a invenção de estratégias de captação e gravação. Daí, então, pode-se até falar numa técnica cubista de tomada de som que recorta o objeto sonoro de forma assimétrica, irregular, desequilibrada, fora de escala etc.

A tomada de som precisa é essencial para a qualidade da gravação. Por exemplo, quando desejamos que o alto-falante soe o mais próximo possível de uma boca humana, então aquele *grão* da voz a que se referia Barthes é o *corpo essencial* do som buscado tanto na emissão como na gravação. Para obtermos essa sonoridade precisamos, portanto, de um tipo específico de microfone numa angulação específica. Mais à frente desenvolveremos este tema ao abordarmos a sonorização do espaço cênico.

Sobre o Instrumento-Adereço

Assim como a personagem-som, a música de cena incorpora procedimentos da música do século xx e do Teatro Musical contemporâneo. Walter Gropius propunha para o teatro Bauhaus um "espírito de construção (*bau-Geist*) unindo movimento, corpos orgânicos e mecânicos, forma, luz, cor, som verbal e musical"[25]. Na verdade, a construção de artefatos especiais para produção sonora remonta a própria origem da tradição teatral ocidental desde os autos e saltimbancos na Idade Média, até a arte dos *clowns*, o circo, a *Commedia dell'Arte* e o teatro contemporâneo.

A transformação de objetos cotidianos em instrumentos sonoros faz uso de um dos procedimentos básicos do cômico, que é o deslocamento do objeto de seu contexto e uso originais.

Desde os primeiros mecanismos sonoros como a caixa de música e o relógio de cuco, passando pelas sirenes à manivela e a vapor, até as mais recentes invenções envolvendo instrumentos microtonais, eletrônicos e artefatos especiais criados no Teatro Musical contemporâneo, o universo do instrumental sonoro encontra-se em constante expansão.

---

25. Apud Marvin Carlson, *Teorias de Teatro*, São Paulo: Ed. Unesp, 1997, p. 340.

O futurista italiano Balilla Pratella encerrava assim o seu texto "A Música Futurista – Um Manifesto Técnico" de 1911:

TRANSPORTAR PARA MÚSICA TODAS AS NOVAS ATITUDES DA NATUREZA, SEMPRE DIFERENTEMENTE DOMADA PELO HOMEM, EM VIRTUDE DAS INCESSANTES DESCO-BERTAS CIENTÍFICAS. TRANSMITIR A ALMA MUSICAL DAS MULTIDÕES, DAS GRANDES OBRAS INDUSTRIAIS, DOS TRENS, DOS TRANSATLÂNTICOS, DOS ENCOURAÇADOS, DOS AUTOMÓVEIS E DOS AEROPLANOS. ACRESCENTAR AOS GRANDES MOTIVOS CENTRAIS DO POEMA MUSICAL O DOMÍNIO DA MÁQUINA E O REINO VITORIOSO DA ELETRICIDADE[26].

Desde as propostas ruidistas dos futuristas italianos, buscou-se nas últimas décadas uma integração cada vez mais estreita entre o aspecto sonoro, dramático e plástico que desembocou, no domínio do teatro, no instrumento-adereço. Seja de forma decorativa, seja inserido como objeto por si da narrativa dramática, ele oferece ao compositor a possibilidade de uma realização sonora integrada aos demais elementos cênicos, não percebida como interrupção ou *intervenção* musical. Nesse sentido, alarga o campo de atuação do objeto sonoro no corpo da encenação.

Assim que, combinando uma estética musical que não diferencia qualitativamente as fontes sonoras com as tradições musicais do teatro, o recurso do instrumento-adereço nos dias de hoje se dá de forma integrada ao desenho geral da criação sonora.

Mas, o que exatamente constitui um instrumento-adereço?

Tomemos um exemplo.

Em *Antonin Nalpas*[27], espetáculo em torno das ideias e da figura do teatrólogo e escritor francês Antonin Artaud, empreguei um objeto sonoro inventado pelo compositor suíço-baiano Walter Smetak chamado *pistom cretino*. Esse instrumento constitui-se basicamente numa mangueira de plástico maleável, não muito larga e de comprimento variável, com um bocal de trompete fixado de um lado e um funil metálico do outro. Para meu uso cênico, troquei o bocal de trompete por um bocal de trombone, mais capacitado para a emissão de sons graves.

O instrumento-adereço foi empregado de forma a desempenhar múltiplas funções dramáticas. Na primeira foto, pode-se observar o seu uso como instrumento musical, ou seja, soprado; seu uso como adereço – como objeto cênico – se deu à maneira de um equipamento para aplicação de choques elétricos: combinando o uso de sons harmônicos agudos, fortes e estridentes a uma movimentação gestual que aproximava a extremidade com o funil metálico ao corpo

---

26. A. F. Bernardini (org.), op. cit.

27. *Antonin Nalpas, Ein Pas de Deux von Johann Kresnik.* Estreado em 16 de maio de 1997 no Prater, Volksbühne, Berlim, Alemanha.

do dançarino, simulando assim um choque elétrico[28]. E finalmente, como se vê na foto seguinte, como corda, envolvendo o corpo do dançarino.

O instrumento-adereço caracteriza-se pelo desempenho integrado de diferentes funções – sonoras, dramáticas e cenográficas – a partir de um mesmo objeto[29].

Dessa forma os instrumentos-adereços podem ser manipulados por atores e dançarinos com pouco ou nenhum treinamento musical; e seu *design*, criado em parceria com o cenógrafo de forma a integrá-lo plasticamente como objeto cênico ao conjunto visual da encenação.

Para a encenação de *Quartet* de Heiner Müller (1987), Robert Wilson fez uso, no prólogo, de uma harmônica de vidro (*glass harmonica*) que tocava trechos do concerto de Mozart para esse curioso instrumento muito em voga no século XVIII. Ao longo do prólogo, os tubos de vidros iam sendo quebrados um a um, criando uma música paralela, agressiva, em contraponto à sonoridade vítrea e suave do instrumento.

Sobre a Sonorização

> *Já não ficamos satisfeitos de inundar o ar com sons vindos de um sistema com endereço conhecido. Insistimos sobre algo mais luminoso e transparente, de forma a que os sons surjam de qualquer ponto do espaço, carregando as surpresas que a gente encontra quando caminha nos bosques ou nas ruas da cidade.*
>
> JOHN CAGE[30]

Sonorização antes de mais nada significa disposição espacial do som, ou seja, *design sonoro*. Ela determina a forma como serão dispostas as bocas em relação aos ouvidos da cena. Por onde e como soa o espetáculo. Essa disposição é também resultante do processo de concepção da encenação e deve ser tratada

---

28. Uma alusão ao tratamento psiquiátrico sofrido por Artaud em suas diversas passagens pelos manicômios franceses.

29. "Acho que não há lugar para música em *Lear*. Quanto aos efeitos sonoros o grande problema é a tempestade. Para encená-la realisticamente, você tem que ser radical como Reinhardt (diretor alemão conhecido por suas encenações espetaculosas). Se tentar o extremo oposto, fazendo a tempestade ocorrer na imaginação da plateia, não vai funcionar, porque a essência do dramático é o conflito e o drama da tempestade é o conflito de *Lear* com ela. [...] Depois de trabalhar meses nesta questão, de repente nos ocorreu que uma 'folha de trovoada' à vista seria um elemento muito forte no palco. [...] Ficamos transtornados pelo barulho, é claro, mas também pelo fato de vê-la vibrando. As 'folhas de trovoada' à vista dão ao Rei um sólido elemento de conflito e ao mesmo tempo evitam uma encenação realista da tempestade, que nunca funciona realmente." P. Brook, op. cit., p. 126-127.

30. *De Segunda a Um Ano*, São Paulo: Hucitec, 1985, p. 94.

Da esquerda para a direita: Johann Kresnik, Bernhard Schütz e Daniel Chait em *Antonin Nalpas, Ein Pas de Deux von Johann Kresnik*. Foto: Bernd Uhlig.

Bernhard Schütz e Daniel Chait na sequência da cena, da mesma peça. Foto: Bernd Uhlig

simultaneamente a ele para que possa informá-lo bem como oferecer opções e possibilidades.

O teatro contemporâneo, especialmente a partir das ideias do encenador russo V. Meierhold (1874-1940), entre outros, buscou uma unificação entre palco e plateia, espaço cênico e espectadores. O objetivo era romper a barreira entre arte e vida, tempo teatral e tempo real, convidando e dando espaço ao espectador para uma atitude mais ativa em relação aos estímulos cênicos. É nesse contexto que, para o compositor, o *design sonoro* torna-se parte integrante da concepção musical.

Depois de resolvida a questão quanto à presença ao vivo ou em gravação da música em cena, o passo seguinte é integrar o desenho do espaço sonoro ao do espaço cênico e físico.

A sonorização pode ser concebida como elemento complementar no sentido da realização do *projeto* original do espaço cênico, estabelecendo as profundidades e as qualidades acústicas (grande sala, catedral, quarto, sótão, caverna etc.) dos espaços a serem representados. Caso ela se mantenha dentro da escala da cenografia, a disposição dos alto-falantes bem como o volume das emissões devem ser proporcionais ao tamanho e ao tipo de espaço que a cenografia propõe.

Em *Os Espectros*, por exemplo, toda a ação se desenvolvia dentro de um casarão. A sonorização propôs – além da representação acústica desse espaço – acrescentar o espaço externo, circundante, imediatamente anterior às janelas e paredes do casarão[31]. Assim, o posicionamento dos alto-falantes integrou-se de uma forma *neutra* em relação à cenografia, fazendo soar a música apenas a partir do palco (o foco de atenção) e seu espaço interno; de forma similar ao que acontece num sistema estéreo numa sala de cinema onde ambos, som e imagem, pertencem ao mesmo espaço frontal[32].

Esse tipo de procedimento favorece uma leitura mais concentrada da relação cena/som. Coloca também uma outra questão importante que é a de *escala*. Quando o objetivo é reproduzir um ambiente cotidiano o mais próximo de sua realidade, a manutenção da escala em termos da relação som/espaço é essencial. *Escala* envolve volume e profundidade. Mesmo num trabalho mais livre de ambientação sonora que procura representar (com sons mais ou menos realistas retirados ou não de seu contexto original) uma *sensação* subjetiva sobre o espaço real da cena, o volume também deve obedecer a esses objetivos de representação sonora.

---

31. Integrava assim os sons externos a esse ambiente, como o som da chuva, passos etc. É interessante notar que em vários textos de Ibsen (como *Os Espectros, O Inimigo do Povo, A Dama do Mar*, entre outros), os sons que determinam a narrativa sonora são exteriores à cena, invisíveis, pertencentes a outros espaços, o que reforça seu caráter associativo e simbólico.

32. Os novos recursos de sonorização para cinema, como o *Dolby Surround* por exemplo, ampliam e aprofundam o espaço sonoro de forma a envolver completamente o espectador.

Assim, se a cena visível é uma sala de estar (como em *Os Espectros*) e o espaço invisível, um jardim externo ou uma rua movimentada, o volume da sonorização deve ser estabelecido em relação ao ponto-de-escuta do espectador. A gradação do efeito de distância sonora (profundidade) deve ser medida a partir da disposição espacial do público. É comum observarmos um engano com relação a essa questão, no qual o volume de emissão é tomado a partir do ponto--de-escuta do palco, da posição dos atores[33].

Outro parâmetro que determina a *escala* sonora é a qualidade do espaço. O tempo de ressonância do material sonoro vai construir, projetar e situar o espectador no tipo de espaço que se pretende representar. Essa etapa da produção sonora se realiza tanto na mixagem como na masterização do material gravado[34]. O ideal é que o projeto cenográfico esteja definido e, quando possível, instalado. O compositor pode criar diferentes opções de espacialidade para o mesmo material: desde aquela, cujo tempo de ressonância representa exatamente o espaço cênico, até outras soluções que representem espaços maiores, menores ou diferenciados.

A simples audição comparativa dessas versões pelo espectador produz, em si, uma *qualidade dramática* própria com relação ao espaço cênico visível.

O posicionamento dos alto-falantes de forma *neutra* – emitindo os volumes em escala com o espaço cênico – deve comportar esses parâmetros indicados. Essa *neutralidade* é resultado da anulação espacial do som como elemento autônomo, integrando totalmente os seus pontos de emissão com a escala espacial; mantendo uma relação direta entre o espaço e o fenômeno sonoro, de forma que o som de um trovão, por exemplo, assuma sua *escala relativa* de volume e textura em relação a um som de uma porta que se abre.

Esses detalhes de equalização demonstram uma vez mais a especificidade também técnica da música de cena em relação à música pura. A utilização de recursos especiais de sonorização como equalizações diferenciadas e pontos de emissão localizados possibilitam que o som criado reproduza-se de forma muito semelhante ao som natural, seja em termos de timbre, volume e direcionalidade espacial.

---

33. É comum a reclamação dos atores em cena com relação ao volume alto na amplificação, mas a questão é que o ponto-de-escuta que importa é o do público e não o do palco. A ele é que se dirigem as informações sonoras.

34. A mixagem é a última etapa do processo de gravação, onde são equilibrados e misturados os diferentes sons simultâneos. Já a masterização trata de padronizar volumes e a relação entre as diferentes peças que compõem o todo sonoro. É na masterização que se estabelecem as gradações gerais relativas entre forte e fraco e seus níveis intermediários. Trata-se de um procedimento digital vinculado à produção de *Compact Discs*; essencial, portanto, caso se utilize CDs como suporte básico da sonorização do espetáculo.

Por outro lado, encontramos uma "neutralidade" não intencional, que é resultado de um descaso muito comum com relação ao sistema de amplificação.

Quando se utiliza uma amplificação simples com dois sistemas de alto-falantes nas laterais do proscênio (à maneira de um P. A. de *show* musical), que são responsáveis pela emissão de todos os eventos sonoros na encenação, chapa-se a projeção espacial do som e anulam-se as diferenças entre os materiais sonoros, planificando-os sob uma mesma equalização e espacialidade.

Por seu turno, a visibilidade dos alto-falantes nas laterais do palco proporciona também um efeito de "neutralização" antiilusionista (o que pode também ser explorado, sempre segundo as intenções dramáticas), uma vez que o espectador reconhece especialmente o ponto de emissão e sua natureza física.

O *design sonoro* se propõe também a construir um espaço sonoro próprio em relação à realidade física do palco e da sala como um todo. Busca que a sonorização e o posicionamento das *bocas* da encenação atuem de forma *ativa* na encenação.

Um exemplo dessa disposição *ativa* encontra-se na encenação já mencionada de *Calígula*. Nela procurei, além de utilizar todo o espaço físico do teatro – coxias, palco, plateia e balcão –, estabelecer um diálogo entre o sistema de sonorização e a cena, criando uma movimentação espacial do som que irrompia do palco em direção à plateia e ao balcão, e vice-versa, *figura XVI*:

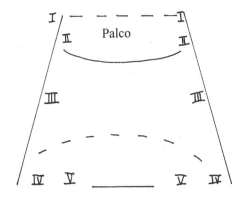

Figura XVI

A figura XVI representa, em linhas gerais, a disposição de cinco sistemas de amplificação estéreo:

I. Alto-falantes colocados imediatamente atrás da parede de fundo do cenário, virados em direção à plateia num ângulo de 20 graus, de forma que seu ponto de convergência de emissão mirasse exatamente o meio do proscênio;

II. Alto-falantes colocados nas coxias laterais do palco (invisíveis para o espectador), virados para cima num ângulo de 45 graus, sem projeção direta do som para a plateia, resultando no preenchimento sonoro do espaço interno do palco e criando uma espécie de moldura sonora, de reflexão indireta, portanto, mais suave;

III. Alto-falantes colocados lateralmente na metade da plateia, virados para cima, um em direção ao outro, também em ângulo de 45 graus;

IV. Alto-falantes colocados nas laterais do fundo da plateia, virados em direção ao palco, a um metro do chão;

V. Alto-falantes colocados no fundo do balcão superior, virados em ângulo de 20 graus para o teto da sala.

Esse sistema propiciava diversas alternativas de movimentação do som no espaço, possibilitando uma variedade de espaços sonoros, como também um espectro maior no controle de textura e volume.

A posição angular dos alto-falantes em relação ao espaço acústico da sala objetivava uma reflexão indireta do som em relação aos ouvidos do espectador, portanto menos agressiva e mais espacializada, propiciando assim o uso de volumes bastante elevados de amplificação – ampliando bastante o espectro entre o volume mais baixo e mais alto na encenação – sem que causassem agressão ou irritação na plateia, o que certamente provoca uma desconcentração em relação à própria encenação.

Foram estabelecidos dois *movimentos* básicos no sistema que se relacionavam ao ponto de atenção do espectador.

O primeiro *movimento* tinha como objetivo projetar o evento sonoro de dentro para fora do palco – em direção à plateia – de forma a movimentar o som no espaço e mesmo deslocar, por alguns instantes, o foco de atenção do palco. Assim, o evento sonoro partia do sistema I, transferindo-se rapidamente para os sistemas II, III e IV/V, sequencialmente. Era usado basicamente quando a cena sofria um corte, uma interrupção – e essa encenação fazia uso constante de *black--outs* de luz –, marcando o final/início de um novo momento cênico.

O segundo *movimento* era exatamente na direção oposta, ou seja, objetivava concentrar o ponto de atenção do espectador no palco, movimentando o som do fundo da plateia em direção ao palco. Assim, o evento sonoro partia simultaneamente dos sistemas IV e V (fundo/plateia e fundo/balcão) em direção ao sistema I (coxias), passando pelos demais sistemas. O próprio movimento do som no espaço direcionava a atenção do espectador, pois notou-se que, não raro, o público acompanhava com um virar de cabeça o movimento do som, do fundo para dentro do palco.

O equipamento utilizado nesse sistema compreendia duas mesas de som, cada uma com duas saídas estéreo, amplificadores, dois gravadores de rolo (que se mixavam ao vivo) e cinco sistemas de alto-falantes estéreo. Um equipamento grande e custoso em termos de produção teatral no Brasil. O fato é que nessa época, 1991, era a única forma possível, ou economicamente viável, para se realizar esse projeto de *design sonoro* em São Paulo.

Hoje, demandaria um sistema bem mais compacto e com melhor resolução sonora através de CDS, DATS, ou mesmo direto no *hard-disk* do computador; bem como uma única mesa de som com oito saídas estéreo, na época inacessível por seu alto custo de locação.

Além dos dois *movimentos* sonoros descritos acima, essa disposição possibilitava uma soma simultânea ou gradativa de volume, densidade e espaço, propiciando um acompanhamento das modulações da *temperatura* cênica em tempo real. Ao longo de uma mesma cena – e segundo sua curva dramática – eram acrescidos e retirados sistemas de alto-falantes. Podia-se acrescentar ao sistema I (coxias), por exemplo, o sistema II (palco), sem que houvesse um aumento no volume do som, mas apenas uma ampliação no *espaço sonoro*, alterando a textura da cena.

Uma outra possibilidade importante que esse *design* oferecia era tornar independente a relação entre espaço sonoro e volume de amplificação. Podia-se ampliar o espaço sonoro com o uso de todos os sistemas ao mesmo tempo, com ou sem aumento de volume.

A criação de um espaço sonoro diferente do espaço cênico acentua a autonomia do som em relação à cena, possibilitando que em determinadas situações o olho e o ouvido do espectador se dissociassem: o olho, centrado na cena, no palco; e o ouvido, alçado para um ponto qualquer no fundo da plateia. No entanto, é importante que no momento de se estabelecer a espacialização do som, mantenha-se o controle sobre os efeitos que esse tipo de dissociação do ponto de atenção provocam no espectador, como a dispersão, por exemplo.

Outro aspecto importante é o estabelecimento de equalizações diferenciadas para cada sistema de alto-falantes.

O sistema I (coxias) – retomando o exemplo de *Calígula* – localizava-se atrás do cenário, que era constituído por telões de vídeo de um material sintético não rígido. As frequências mais graves por serem mais lentas, apresentavam uma capacidade menor para transpor esse obstáculo físico. Assim, ao serem retidas, criariam uma região de autoalimentação (*feedback*) da ressonância que embolaria o som atrás do cenário, prejudicando sua definição. Foi preciso, portanto, enfatizar as frequências médias e agudas na equalização dos alto-falantes desse sistema que, por sua maior velocidade de propagação, venceriam com mais facilidade o obstáculo físico dos telões.

Outro ponto importante diz respeito às diferentes possibilidades de "cor" sonora que se obtém com a escolha de diferentes tipos de alto-falantes. Ou seja, quando se deseja, por exemplo, um som característico como o de um alto-falante de uma estação de trem ou aeroporto etc. Nesses casos, além de veículo de sonorização, o alto-falante passa a ser também um elemento da cenografia.

Buscar a equalização do alto-falante, relacionada a esse contexto, reforça a interação entre cenografia e sonorização.

Uma solução mais comum – mas menos efetiva em termos de teatralidade – seria a colocação do efeito característico de voz de estação de trem, aeroporto, no próprio sistema convencional de sonorização (*full-range*).

De uma forma mais radical, quando a concepção da encenação assim o requerer, a escolha do tipo de alto-falante pode ser direcionada no sentido da obtenção de um determinado efeito desejado. Como, por exemplo, para uma sequência de sons de baixíssima frequência que se repete ao longo do espetáculo. Esse tipo de sonoridade característica requer então a escolha de alto-falantes que respondam especificamente a essa faixa do espectro como os *sub-woofers*. Já para sons emitidos por aparelhos de rádio (noticiários de guerra, locução de futebol etc.) a escolha se dirige para alto-falantes pequenos sem caixa de ressonância.

De fato, o tipo e a equalização determinam a identidade da fonte emissora (o alto-falante), conferindo-lhe de certa forma uma identidade no discurso cênico.

Quando se utilizam diferentes sistemas de alto-falantes distantes entre si é comum que ocorra um atraso (*delay*) na emissão do som entre esses sistemas. É preciso, portanto, calcular o tamanho desse atraso e corrigi-lo com um processador digital de *delay*, de forma que o som chegue ao mesmo tempo nos diferentes pontos de amplificação, evitando assim ecos indesejados que turvam a clareza do material sonoro.

Sobre a Intervenção Sonora em Cena

A presença do músico em cena como participante do jogo dramático remonta às origens do próprio teatro. Desde Horácio, que estabelecia regras rígidas para a construção dramática, estabelecendo, entre outras coisas, que não mais de um músico deveria aparecer ao mesmo tempo em cena, até os dias de hoje na escritura codificada das peças de teatro musical de Vinko Globokar, Mauricio Kagel e nas *Theater Pieces* de John Cage.

Mas a intervenção sonora não requer necessariamente a presença física do músico, do *performer*, em cena. Ela pode se dar mediada, num discurso próprio, sonoro.

O uso de equipamentos de áudio para ampliar, enfatizar e processar sons de cena, como ruídos obtidos com a movimentação dos atores, efeitos com figurinos, movimentação nos cenários, tem sido cada vez maior na cena teatral atual, ampliando assim o conceito de *design sonoro* e de música de cena.

Utilizam-se microfones de diferentes tipos e formatos, portáteis sem fio, de contato, que são colocados em pontos específicos do cenário para que ampliem determinados sons localizados de cena, como o de uma porta que bate, uma cadeira que se arrasta, passos no piso etc.; bem como para a amplificação de vozes.

Esses sons amplificados, recriados ou não através de processamento, têm suas propriedades acústicas alteradas. É sempre importante enfatizar que o uso desse tipo de efeito deve estar integrado à concepção geral da encenação, caso contrário, sua utilização produz um efeito meramente ornamental.

A ampliação obtida por meio desses equipamentos pode ser usada para enfatizar desde uma característica importante de uma personagem até a transformação (com mudança de escala) dos sons naturais do palco[35]. Para isso, deve-se acoplar ao sistema básico de sonorização módulos de processamento sonoro que possam ser programados ou operados em tempo real pelo técnico de som[36].

Os microfones em cena e o processamento sonoro são recursos, por natureza, antinaturalistas. Eles criam um plano de realidade cênica não visível, apenas audível. Com eles pode-se, por exemplo, incorporar recursos como a sobreposição de espaços criando cenas em *off*, que se ouve mas não se vê.

Uma cena silenciosa, composta por pequenas ações entre duas senhoras que sossegadamente tomam chá, com a amplificação e processamento de determinados sons, como o ruído da xícara roçando no pires de porcelana, o friccionar das unhas roçando o vestido de cetim ou ainda os chinelos que se arrastam contra o piso, pode ser transformada numa cena extremamente ruidosa e agressiva. É um recurso capaz de *estranhar* uma cena aparentemente naturalista, criando uma textura sonora *paralela*.

São várias as formas de utilização de microfones em cena: pendurados sobre o palco (invisíveis ou não para o espectador); no piso, em pontos estratégicos da cena; no proscênio captando planos abertos, aplicados a elementos do cenário ou colocados na roupa dos atores.

É essencial que se proceda a escolha correta do tipo de microfone para o fim desejado.

---

35. Alberto Cavalcanti, no texto já citado, aborda de forma lúcida os recursos expressivos que podem ser obtidos com o uso de microfones: "o microfone é um instrumento muito delicado. O público pensa que, ao se gravar uma palavra sincronizada, o som é muito mais alto quando o ator está em primeiro plano e mais baixo quando está em plano longínquo. A verdade, no entanto, é que quanto mais perto um ator se acha da câmara, menos volume da voz é necessário, pois o microfone age como compensação. Isso é determinado, em grande parte, por questões de reprodução. Quando, em qualquer cinema comercial, Mirna Loy sussurra em primeiro plano, várias dúzias de alto-falantes ampliam o murmúrio da atriz, para trazê-los aos ouvidos de espectadores sentados nos cantos mais distantes da tela", op. cit., p. 147.

36. O equalizador gráfico atua na correção acústica da sala de espetáculos. Equilibra o peso entre graves, médios e agudos em relação à ressonância do sistema de amplificação no espaço. Podem ser utilizados processadores com diferentes tipos de *reverbers* (e mesmo compressores, caso seja necessário corrigir grandes desequilíbrios dos volumes).

Deve-se buscar um equilíbrio entre a qualidade e a quantidade de inserções desses sons ao vivo e do material sonoro pré-gravado, de forma que se estabeleça uma complementaridade entre essas duas texturas, não provocando uma indesejada ruptura acústica.

Mas como evitar isso? Um dos elementos mais importantes para que se obtenha a *unidade* acústica do espaço cênico diz respeito ao tipo de ambientação do evento sonoro em si.

Caso os sons captados pelos microfones em cena estejam ressoando num ambiente seco, pequeno e sem profundidade e os sons pré-gravados apresentem uma reverberação longa que denota um ambiente grande, alto e fundo, observa-se aí, então, uma ruptura no espaço acústico, uma vez que não existe complementaridade espacial entre esses dois elementos.

Dessa forma, o tratamento dos sons ao vivo deve seguir os mesmos parâmetros dos sons pré-gravados, caso deseje obter essa complementaridade.

A amplitude do sinal (volume) num sistema de sonorização que utilize material pré-gravado e microfones ao vivo às vezes é pequena. Depende muito da posição dos microfones em relação à dos alto-falantes, que podem propiciar mais ou menos ocorrências de microfonias (*feedbacks*) no sistema. Por isso essa relação deve estar bem equilibrada para uma boa resolução no volume e no espaço.

Para a captação aberta, geral, de ambiente(s) ou de várias vozes simultâneas que se movimentam num determinado espaço, são usados os microfones omnidirecionais. Eles captam qualquer som em angulações abertas de 90 a 360 graus.

Para tomadas de som fechadas – um detalhe sonoro captado na cenografia, uma voz que canta sozinha etc. – são usados os microfones unidirecionais, cardioides com regulagens variáveis. Eles possibilitam um recorte na captação em relação ao todo do espaço cênico. Existe uma variada gama de modelos que respondem a diferentes necessidades, desde aqueles que são indicados para sons muitos suaves ou para sons extremamente fortes produzidos muito proximamente.

ATO IV

Considerações Práticas de Realização

As formas de organização dos roteiros de operação de som, bem como os parâmetros a serem detalhados neles, dependem das características da composição e encenação: música ao vivo, música pré-gravada, ruidagem, sonorização com microfones e efeitos etc.

Já na etapa de ensaios, onde primeiramente são concebidas as sequências sonoras, os cortes, fusões e mixagens, a combinação entre a composição e o sistema de sonorização devem ser equacionados pelo compositor, tendo em vista as possibilidades de execução prática das ideias concebidas.

Não adianta imaginar nos ensaios uma fusão com três ou mais fontes sonoras distintas, se só poderão ser usadas duas fontes simultâneas. Dessa forma, é sempre muito importante que já no início do processo de produção o compositor se situe – questionando o diretor e o produtor – com relação às limitações relativas à produção sonora e ao sistema de sonorização. Mas o ideal mesmo é que ele apresente quais são as suas necessidades técnicas. Assim, se no início do trabalho as características técnicas definitivas ainda não podem ser visualizadas, é recomendável que o compositor requeira um tipo de equipamento polivalente, que possibilite diferentes usos.

A elaboração do mapa de operação de som deve contemplar o maior número possível de parâmetros constantes na execução sonora. De uma forma geral, os mais comuns são:

1. a ordem numérica sequencial das intervenções sonoras.
2. *deixa cênica* (*cue*) para a entrada e saída do evento sonoro.
3. volume, velocidade e forma de inserção do evento (*fade-in* lento ou rápido, corte brusco), dinâmica de volumes durante a cena, velocidade e forma de saída do evento sonoro (*fade-out* lento ou rápido, corte brusco).
4. número de programa (CD) ou líder (fita) do evento a ser acionado.

5. sistema(s) de alto-falante(s) usado(s) e movimentação entre eles ao longo da execução do evento sonoro.

6. mixagem de eventos pré-gravados com microfones ao vivo e eventual processamento sonoro.

Esses parâmetros devem ser dispostos em uma mapa que irá orientar o operador (ou operadores) na execução do espetáculo. São possíveis várias disposições do mapa. Segue abaixo uma sugestão que contempla os itens relacionados acima:

evento | entrada | saída | volume/dinâmica | CDI | CDII | sistema | microfones/proces.

evento relaciona em numeração crescente 1, 2, 3… cada inserção sonora ao longo do espetáculo.

entrada descreve a deixa cênica para a entrada do evento sonoro.

saída descreve a deixa cênica para a saída do evento sonoro.

volume/dinâmica descreve o movimento de volume de entrada (*fade-in* lento ou rápido, corte seco etc.), as alterações durante a execução do evento e o movimento de saída do evento sonoro (corte, *cross-fade* etc.).

CDI/CDII indicam os números de programa dos CDs a serem tocados. A sequência dos eventos sonoros deve ser disposta nos CDs em forma de pingue-pongue para que se torne possível uma alternância e fusão constantes entre essas duas fontes. Em caso de uso de fita de rolo (1/4 de pol.) denomina-se TAPE I e TAPE II. É recomendável que se escreva o título de cada inserção de forma resumida no líder que separa os trechos sonoros da fita.

sistema indica qual(is) o(s) sistema(s) de alto-falante(s) a serem acionados, assim como a movimentação dos sons entre os diferentes sistemas.

microfones/processamento relaciona os microfones a serem usados, com indicações específicas (como volume), bem como o uso de processadores sonoros (*reverber*, *delay* etc.).

Um dos procedimentos mais importantes na execução da música de cena refere-se ao movimento de entrada e saída do evento sonoro na cena. É imprescindível que essa entrada tenha uma razão de ser clara, como reforço ou contraste, em sincronia com algum estímulo direto da cena (visual ou verbal) ou em defasagem com o elemento cênico. A interferência do evento sonoro na cena pode tanto concentrar quanto dispersar a atenção do espectador.

Podemos transpor para a esfera do teatro as palavras do cineasta Alberto Cavalcanti: "A música no filme, em geral, deve ser pontuada de silêncio. Deve ter períodos de respiração e, no entanto, o público nunca deve sentir sua chegada ou seu desaparecimento. Deve surgir, por exemplo, quando uma porta se fecha ou quando alguém ri ou chora"[1]. Ou seja, concorrendo com algum outro elemento na atenção do espectador.

Essa sinergia no movimento de inserção ou retirada do elemento sonoro é essencial para que não ocorra uma indesejada ruptura.

Retoma-se aqui a questão levantada no início do livro sobre a visibilidade da música de cena. Como um discurso paralelo (mesmo sendo ele complementar ou contrastante), por sua própria natureza a música (sempre compreendendo todo o evento sonoro possível) cria um tempo próprio, específico em relação ao tempo da encenação. Nesse sentido a observação de Cavalcanti com respeito aos silêncios que devem pontuar a música sinaliza que essa sinergia deve existir entre esses dois *tempos*.

Em termos práticos vejamos como se traduz essa situação: a velocidade, cortes, respirações e inflexões que um ator emprega no texto em cena determinam a forma e o momento de inserção do evento sonoro externo. Se for por complementação (seja ela crítica ou de reforço), então a forma de inserção é o *fade-in* (aumento gradual de volume do zero ao nível desejado) lento ou menos lento, ele é por natureza não agressivo e insinuante, acompanha. Por outro lado, se a ideia é interferir criando conflito ou mesmo um discurso sonoro paralelo, rítmico em relação à fala do ator, deve-se usar a entrada seca, aberta, da inserção sonora já no plano de volume desejado. O mesmo aplica-se para a saída da inserção, ou seja, por corte abrupto, seco.

Às vezes a forma como é inserido o evento sonoro diz mais sobre a sua função na encenação do que o próprio evento em si. Por isso essa é uma questão que não deve ser desprezada e abandonada ao bel-prazer da manipulação do operador de som. Deve ser pensada dentro do plano de concepção geral da música de cena.

A ordenação (plano geral) das intervenções sonoras deve, da mesma forma, controlar o fluxo de sons e de silêncios ao longo da encenação. Elas devem se agrupar em seções, com maiores e menores densidades sonoras, levando em conta a construção da sequência sonora que se dá na imaginação do espectador[2].

Em resumo, as entradas e saídas das intervenções sonoras devem, sempre que possível, acompanhar a dinâmica dos eventos no palco. Dessa forma, esses movimentos integram-se em sinergia com o fluxo temporal já em curso: acompanhando um gesto, uma movimentação de personagem ou mesmo uma frase do texto; assim a intervenção sonora funciona como uma espécie de eco.

Por exemplo, começando o movimento de entrada (*fade-in*) ou saída (*fade-out*) de uma determinada inserção sonora na mesma velocidade com que uma

---

1. *Filme e Realidade*, São Paulo: Martins, 1959, p. 158.

2. "A natureza musical é, também, pura mobilidade. O ouvinte não tem à sua disposição, como numa partitura, o passado, o presente e o futuro dados de uma só vez e congelados numa ordem visual ou espacial. Tudo aquilo que se escuta está sendo incessantemente criado." Eduardo Seincman, *Do Tempo Musical*, Tese de Doutorado, São Paulo: ECA-USP, 1990, p. 21.

personagem atravessa o palco, usando essa velocidade de deslocamento como parâmetro para a velocidade de entrada ou saída do volume.

Ou ainda, aproveitando algum som produzido em cena – como uma porta que se bate, alguém que leva um tombo etc. – como ponto de entrada ou saída rápida de uma inserção. Nesse caso, aproveita-se a reverberação do ruído de palco para misturar com o novo elemento sonoro introduzido ou para aliviar a ausência acústica provocada pela retirada da inserção sonora.

O mais importante é que a inserção sonora não desperte no espectador um desvio na atenção que leve-o a perceber: "– Ah…, agora está entrando a música…", uma vez que não se deseje evidentemente esse tipo de dispersão ou ruptura.

Uma certa falta de sincronia entre as entradas e saídas e os acontecimentos cênicos por vezes deve até ser buscada, para que se evite uma banalização do recurso sonoro ao longo da encenação, reduzindo a música de cena à obviedade da ilustração direta. Dessa forma as trocas de cenas ou entradas e saídas de novas personagens não devem ser pontuadas mecanicamente, mas seletivamente nos momentos de maior interesse para a narrativa.

Uma outra questão se refere ao encadeamento de diferentes inserções sonoras. Existem basicamente três formas de realizar esses encadeamentos:

1. *Fade-out* do evento *A* / silêncio curto / *fade-in* do evento *B*, *exemplo 43*;
2. *Cross-fade*: na medida em que é feito o *fade-out* do evento *A*, o evento *B* inicia um movimento de *fade-in*, de forma que haja um cruzamento nas dinâmicas, enquanto um sai o outro emerge, *exemplo 44*;
3. Evento *A* é cortado (interrompido) pela entrada do evento *B* já com seu pleno nível de volume, *exemplo 45*.

As variações nesses movimentos se dão mais por conta da velocidade empregada na operação, segundo as necessidades cênicas.

Portanto, no momento de formatar cada inserção sonora recomenda-se a não colocação dos movimentos de *fade-in* e *fade-out* na fita dat Master (e consequentemente no CD ou na fita de operação). Isso para que o operador de som possa realizar ele mesmo esses movimentos com total controle durante a operação do espetáculo. Pois, se numa determinada representação uma cena alonga-se muito além do previsto por qualquer motivo, alcançando o ponto da gravação onde já se encontra previamente editado um *fade-out*, o operador fica sem opção para "cobrir" esse tempo extra de cena.

Por outro lado, deve-se sempre colocar, por margem de segurança, um *fade-out* curto (de até um segundo) no final de cada inserção, pois caso haja algum descuido na operação e a inserção seja tocada além do ponto desejado, prosseguindo até o seu final, evita-se sempre um corte brusco, não editado.

Na fase de criação, onde são escolhidos os momentos de inserção e encadeamentos sonoros, é que surgem, geralmente, algumas discordâncias entre o compositor e o encenador com relação à escolha dos eventos sonoros e seus pontos de inserção.

De um lado, o encenador – tendo a totalidade da encenação como parâmetro – busca encontrar na música de cena um ponto de reforço para determinados momentos ou cenas ainda insatisfatórias: "o diretor muitas vezes interfere e, em geral, exige mais música do que o necessário", já notava o diretor de cinema Alberto Cavalcanti[3]. Por outro lado, ele pode propor variantes não imaginadas pelo compositor, que acrescentam e enriquecem a concepção sonora.

O compositor, por seu lado, consciente de seu plano geral, vê-se na delicada situação de acrescentar ou retirar inserções e ainda alterar suas sequências. Nesse momento, ele deve aferrar-se aos conceitos e linhas mestras da composição, estruturados a partir dos procedimentos de formatação (*leitmotive*, módulos) para que não perca o controle da forma e da *respiração* da composição.

Em vez de um antagonismo insolúvel, trata-se sobretudo de um confronto de sensibilidades, conceitos, concepções e materiais, que naturalmente partem de diferentes experiências perceptivas. Aliás, essa diversidade é uma das características específicas da experiência teatral, a partir da qual o signo cênico se constrói.

A forma musical tradicional que mais se aproxima da organização da música de cena é a *suíte*. É uma forma cíclica composta por peças curtas com metros (binários, ternários e quaternários) e andamentos diferenciados e contrastantes (adágios, andantes, alegros etc.), dispostos numa sequência temporal.

A partir das linhas mestras da composição, as seções se organizam segundo as várias polarizações dramáticas, com suas próprias características e funções. Assim, à maneira de uma suíte, são dispostas estrategicamente as inserções ruidosas e suaves, pesadas e leves, metálicas e aéreas, com sons reconhecíveis e irreconhecíveis, estilizadas por associação ou por deformação etc. O fluxo temporal dessas seções é um dos meios de controle da grande forma na música de cena.

Como fenômenos essencialmente perceptivos, os parâmetros sonoros são, por definição, relativos. Assim, só é possível dizer que um som é agudo se temos outro som para estabelecer uma comparação; o mesmo se aplica a volumes, timbres etc. É como na harmonia de acordes, onde cada acorde se qualifica sempre em relação ao acorde precedente e ao subsequente, a disposição das inserções sonoras também obedece a um devir sequencial que as qualifica.

Um mapa geral de volumes deve também ser usado como parâmetro de equilíbrio sonoro. Cada inserção sonora requer um volume mínimo de emissão para que possa transmitir plenamente seus elementos constitutivos. Por exemplo, uma peça orquestral quando tocada em volume muito baixo soa empastada,

---

3. Op. cit., p. 157.

confusa e sem definição musical. Ao subirmos gradualmente o volume de emissão nota-se que a partir de um determinado ponto a música passa a ganhar clareza e definição (faça um teste com o seu aparelho de som doméstico). Esse ponto será, portanto, o volume mínimo de emissão que essa peça requer para que possa evidenciar todos os seus elementos e sua complexidade.

Frequentemente os planos de sonorização estabelecem, a grosso modo, apenas dois níveis básicos de volume: baixo e alto. Em geral, esses níveis correspondem respectivamente a momentos em que a música secunda textos falados, e momentos sem interferência de texto ao vivo, como passagem de ato, troca de cena etc.[4] Esse fenômeno de estandardização de volumes foi também analisado no processo de sonorização do cinema por Adorno e Eisler[5].

A diferenciação dos volumes deve acompanhar, de forma geral, a curva dramática de cada cena e da encenação como um todo.

O ideal é que após a instalação do sistema de sonorização, sejam fixados os volumes de cada inserção sonora com indicações precisas, e não com anotações genéricas do tipo: alto, baixo, um pouco mais alto ou mais baixo etc. Mesmo que as alterações dos volumes sejam procedidas pelo operador em tempo real, devem sempre ser balizadas por um mapa de volumes previamente determinado.

A movimentação do som pelos sistemas de alto-falantes cria, ou melhor, esculpe o espaço sonoro. As indicações da velocidade em que se dá essa movimentação devem estar associadas, em sincronia ou não, a algum evento ou ideia cênica. Sem o suporte de uma motivação dramática, esse tipo de movimentação fica reduzido a mero efeito pirotécnico, fraco em consistência e densidade narrativa.

O próprio *design sonoro* deve ser moldado a partir da curva dramática da encenação, pontuando os momentos importantes como cortes, ápices, clímaxes etc.; procurando evitar sempre que possível a repetição empobrecedora de um determinado efeito ao longo da encenação.

Intermezzo

As questões relativas ao contrato de criação da composição, direitos autorais, direitos de execução (de *performance*) e produção musical variam segundo cada produção que apresenta, quase sempre, condições próprias. No entanto,

---

4. "Músicos inexperientes muitas vezes escrevem para um filme partituras sem levar em conta as tonalidades de ruídos e da palavra. Resulta daí que na gravação, quando se torna necessário baixar o nível da música, esta se confunde com os outros elementos sonoros e deixa de ser perceptível.", idem, p. 159.

5. "Se nivela o grau de intensidade e tudo se dilui num genérico *mezzoforte*, técnica muito semelhante à mixagem de sons usada no rádio." Theodor W. Adorno e Hans Eisler, *El Cine y la Musica*, Madrid: Fundamentos, 1976, p. 34.

existem alguns parâmetros que orientam uma negociação e que podem ser adaptados a cada situação. Algumas variações ocorrem nas práticas e legislações em diferentes países.

Ao ser convidado para participar de uma montagem teatral, o compositor deve primeiro procurar obter junto ao encenador o máximo de informações sobre o tipo de sonoridade desejada, para que possa então estabelecer uma ideia aproximada do número de instrumentistas necessários, do tempo necessário para criação e para locação de estúdio; isso, antes de começar a negociar quantias, direitos, prazos etc.

Após o conhecimento, ainda que vago e aproximado, desses parâmetros, o compositor poderá então projetar o tamanho da produção musical e assim mesurar o seu trabalho e custos.

A negociação que envolve a música de cena abarca diferentes itens que devem ser tratados simultaneamente, em bloco. São eles:

- honorários para criação da música;
- produção musical: produção executiva e propriedade da fita Master;
- direitos de execução da música.

Com relação aos honorários para criação da composição, é possível negociar de diferentes formas, algumas delas:

1. estabelecer uma porcentagem que inclua a *criação musical* e os direitos de execução por um tempo determinado;

Essa forma é interessante quando o espetáculo tem grandes probabilidades (apesar de que teatro é sempre uma incógnita, mas às vezes nem tanto) de sucesso de bilheteria. Ao incluir o honorário de criação junto aos direitos de execução, o compositor pode buscar uma porcentagem maior. Os direitos de execução devem sempre ser negociados por tempo determinado, uma vez que é um contrato de cessão de uso e não de propriedade.

2. estabelecer uma quantia fixa para a *criação musical* e uma *porcentagem* do borderô do espetáculo para os direitos de execução;

Essa forma garante uma quantia inicial, fixa. É recomendada quando o espetáculo não apresenta grandes probabilidades de uma boa arrecadação de bilheteria, seja pelo tamanho da sala, ou pelas próprias características da montagem.

3. estabelecer uma quantia fixa que inclua a *criação musical*, a *produção musical* (contratação de músicos, estúdio, copiagem de fitas, CDs etc.) e *direitos de execução* por um tempo determinado.

Recomenda-se essa forma de acordo quando a encenação se der em outro país ou cidade distante, onde o controle de arrecadação do direito de execução se torna difícil. Mas também é comumente usada em pequenas produções, simplificando assim a relação entre compositor e produtor. Esta opção só deve ser adotada quando existe por parte do compositor um controle total no tamanho da produção musical. Ou seja, quando for possível para ele calcular com segurança os custos envolvidos na produção.

Seja qual for a alternativa de contrato escolhida, a responsabilidade pela instalação e locação do equipamento de sonorização deve ser sempre do produtor do espetáculo, uma vez que esse equipamento é parte integrante da infraestrutura da encenação, como a iluminação e o cenário.

No Brasil, a porcentagem sobre o borderô bruto do espetáculo teatral correspondente ao direito de execução da composição musical varia de 3% a 10%. É claro que esse limite pode ser ultrapassado segundo as condições particulares de cada produção.

A arrecadação do direito de execução da música de cena pode ser efetuada em todo o território nacional pela SBAT – Sociedade Brasileira de Autores Teatrais – que ao final de cada semana recolhe diretamente junto à bilheteria dos espetáculos as quantias referentes aos direitos autorais de uma forma geral, ou seja, do autor, do tradutor e do compositor.

Para que a SBAT represente o compositor na arrecadação desse direito, ele deve tornar-se seu associado.

A propriedade da fita Master da música de cena envolve diferentes aspectos. Desde o início dos entendimentos, deve se estabelecer quem será o dono da fita Master, logo, do direito de cópia (*copyright*) da música; isso será determinante caso se deseje imprimir, no futuro, a música em CD ou em qualquer outro suporte.

Ao assumir a produção musical (custos de músicos e estúdio), o produtor teatral pode ou não tornar-se o proprietário da fita Master, como produtor musical; isso depende de uma negociação prévia entre o compositor e o produtor. Muitas vezes a assunção de propriedade do Master pelo produtor teatral que banca a produção musical é colocada como um direito automático, o que não deve ser aceito como natural, uma vez que a propriedade do Master pode constar como um item de negociação do contrato até como parte do pagamento do compositor.

De qualquer forma, e em qualquer tipo de contrato, o compositor continua titular do direito de autor, que em nenhuma hipótese pode lhe ser retirado ou negociado.

Em resumo, cabe uma vez mais um acordo prévio entre as partes, no qual o produtor teatral (e musical) transfira, libere ou venda ao compositor essa produção musical, ou seja, a fita Master. Caso o produtor deseje imprimir em CD a música do espetáculo, deve ser celebrado um novo contrato específico para esse fim.

De qualquer maneira, pertencendo a produção musical ao compositor ou ao produtor teatral, deve constar no contrato dos músicos uma cláusula que autorize uma possível impressão em CD do material. Para que o material gravado se encontre liberado de qualquer pendência contratual.

Com relação à música ao vivo, é sempre recomendável que o compositor transfira toda e qualquer negociação relativa à contratação dos músicos para o produtor teatral, procurando manter-se o mais distante possível dessas questões, para que não venham a interferir no relacionamento artístico entre as partes.

O operador de som deve ser integrado aos ensaios o mais cedo possível para que possa adquirir familiaridade com o material sonoro, bem como acompanhar a instalação dos equipamentos de sonorização, possibilitando assim que sejam efetuados testes prévios.

Última Cortina

> *A estética de uma arte é a mesma das demais, apenas o material é diferente.*
>
> ROBERT SCHUMANN

O perfil do compositor de cena, por tudo o que foi exposto até aqui, difere bastante – em aspectos importantes – do perfil do compositor da chamada música "pura". Essa diferença se dá principalmente no caráter coparticipativo que envolve a sua criação e algumas especificidades na manipulação da linguagem sonora. Na linguagem teatral, um mesmo conceito estético deve ser resolvido na linguagem cênica pelos atores, no cenário, no figurino, na iluminação e na música.

A capacidade para recriar em sons conceitos extrassonoros é a qualidade principal do compositor de cena, bem como uma certa humildade para abrir mão de conceitos ou soluções já adotados no processo de criação, assumindo irremediavelmente o caráter *dinâmico* da criação teatral.

Mas se observarmos de forma retrospectiva a história da música ocidental, e boa parte das tradições orientais, vemos que ela sempre conviveu com dados extramusicais como elemento constitutivo no âmbito da chamada *música pura*. O que seria do romantismo musical europeu sem a literatura de Goethe e Heine? As canções de Schubert e Schumann, por exemplo, são de uma forma geral *molduras dramáticas* em que a técnica musical está a serviço do estabelecimento de um tom (... *o quem fala*, a que se referiu Thomson...), um ambiente e – o mais importante – uma situação.

O estabelecimento de uma situação dramática em inúmeros *lieder* da música germânica são uma antecipação de formas modernas de canção: canção de personagem e canção de *interrupção,* como queria Bertolt Brecht.

A forma-canção acompanhou ao longo do tempo a própria crise do narrador e da narrativa na literatura e nas artes em geral. Na ópera contemporânea, o também narrador se estilhaça, se fragmenta na sobreposição polifônica de discursos, desde *Erwartung* de Schoenberg até *The Cave* de Steve Reich. A ópera, de forma gradativa e mais radicalmente desde a segunda metade deste século, deixou de se propor como representação, representação do mundo, de um mundo, de aludir, descrever; tornou-se um espaço múltiplo de proposições no tempo e espaço.

Na multiplicidade da cena atual, convivem desde repiques passadistas representados por óperas que retomam trajetórias biográficas ou situações históricas até as diferentes vertentes que desembocam no chamado Teatro Musical.

De qualquer maneira, a ideia de totalidade que motivou o estabelecimento da ópera como linguagem dramática na música ocidental se estilhaçou. O fragmento passa então a ditar uma nova medida e escala dramáticas.

Por tudo isso deve-se enfatizar que a própria ideia de *extrassonoro*, como barateamento ou impureza degenerativa, é estranha ao universo atual.

Em paralelo, a música de cena também se transforma. Na atualidade é mesmo difícil diferenciá-la da chamada ópera e do Teatro Musical. Suas estratégias narrativas e técnicas musicais participam de um mesmo universo de procedimentos que se justapõe, onde a questão de gênero se coloca como obsoleta e ultrapassada.

Mas nessa verdadeira montanha russa criativa que é o teatro, é cabível que em certo momento o compositor pergunte a si mesmo: "mas qual é a *minha* música?", ou então, "onde posso reconhecê-la nesse trabalho? Devo *reconhecê-la* nesse trabalho?".

De certa forma o ego – que John Cage combatia como um limitador da liberdade criativa – e certas características marcantes da linguagem musical que identificam um determinado compositor são secundários no universo da música de cena. Interessa menos o reconhecimento de uma *marca registrada* que a ação integrada da música na construção da narrativa teatral.

E em geral os compositores que apresentam uma *marca registrada* bastante clara são pouco interessantes para a música de cena, uma vez que atraem para si o foco de atenção, apartando a música dos demais elementos envolvidos no jogo cênico.

Assim, talvez a pergunta correta seja: "qual *será* a música?". Essa impessoalidade não significa que os conceitos técnico-estéticos que compõem o universo estético do compositor sejam abandonados. Pelo contrário, eles serão as suas ferramentas ativas de *tradução* desse universo de partida na criação da música que *será*.

Munido dessas ferramentas, o compositor empreende um diálogo estilístico que o leva a transitar entre procedimentos técnicos de diferentes períodos da linguagem musical. Mais que um maneirismo (que é a essência e objeto do

Musical do tipo *Broadway* e da ópera-*rock*), esse diálogo deve inventar diferentes leituras da tradição musical e cultural, de formas de pensar, ouvir e tocar, expressas por uma percepção atual do mundo que vivemos, que informamos e que nos informa.

Esse abandono do que seria o *eu mesmo* do compositor representa a abertura de um amplo espaço de diálogo criativo num trabalho de cooperação como é o da criação teatral.

Por tudo isso o compositor de cena é – além de um artesão eclético – um digestor de procedimentos, jeitos e formas e manhas sonoras. Por vezes, empunha a caneta do compositor e escreve à maneira da "grande música"; por outras, é um "ouvinte glutão" na busca do som mais interessante para uma porta que se abre.

Essa diversidade na abordagem do fenômeno sonoro faz desse ser híbrido um *escutador* por excelência. Capaz de combinar um solo be-bópico de saxofone com o coaxar mole de um sapo rouco soando numa catedral gótica.

Tudo isso aponta para um *homo estheticus* que, mais que um inventor, é um coordenador de signos, universos e possibilidades; um *combinador* que recicla e requalifica informações sensíveis.

São Paulo, 1995-1999

Roteiro e Créditos dos Exemplos Musicais

[acesse pelo QR-code ou pela página da editora no YouTube, @EditoraPerspectivatv]

1. Hamlet – Marcha triunfal — 0:33
2. Calígula – Clarone solo — 0:19
3. Anjo Negro – Piano preparado — 0:39
4. Máscaras para Pound – Fuga inicial — 0:54
5. Édipo Rei – Saxofones, flautas e celesta — 1:12
6. Édipo Rei – Pedal de órgão, piano e arbustos — 1:38
7. Othello – Cordas e percussão — 2:44
8. Calígula – Banquete — 0:20
9. Calígula – Beat/corte: lento e rápido — 0:14
10. Calígula – Música de guerra — 0:53
11. Calígula – Cena do envenenamento — 1:26
12. Hamlet – Pantomima — 2:44
13. Calígula – Tema Calígula [acordeon em BG] — 0:44
14. Calígula – Tema Calígula [acordeon mixado] — 0:44
15. Calígula – Tema Calígula [acordeon/frente] — 0:44
16. Calígula – Coral modular 1 — 0:39
17. Calígula – Coral modular 2 — 0:39
18. Calígula – Coral modular 3 — 0:39
19. Calígula – Tema cesônia – completo — 0:48
20. Calígula – Tema cesônia – violino solo — 0:16
21. Calígula – Tema cesônia – trompa solo — 0:24
22. Calígula – Tema cesônia – trompa e contrabaixo — 0:24
23. Os Espectros – Elevador normal — 0:17
24. Os Espectros – Elevador lento — 0:32
25. Othello – Saliva processada — 0:23
26. Othello – Pia e contrabaixo — 0:23
27. Hamlet – Canhão — 0:14
28. Os Espectros – Chuva / completo — 1:50
29. Os Espectros – Chuva / harmônicos — 1:50
30. Hänsel und Gretel – Vozes infantis — 1:05

31.	Othello – Dois violões e eletrônica	1:20
32.	Hamlet – Cena de Ofélia	0:41
33.	Hamlet – Enterro de Ofélia (missa dos vermes)	3:38
34.	Os Espectros – Tema sobre *Quarteto* de Beethoven	0:50
35.	Híbrido – Clarone + eletrônica	0:22
36.	Pasolini – Estilização à italiana	3:25
37.	Beethoven / VI sinfonia – original	0:10
38.	Beethoven / VI sinfonia – alterado	0:10
39.	Hänsel und Gretel – Vozes e saxofone	2:20
40.	Bocage – Ladainha – baixo solo	1:28
41.	Bocage – Ladainha – duas vozes / cânon	1:02
42.	Bocage – Ladainha – coro	2:55
43.	Fade com silêncio	1:01
44.	Cross fade	0:55
45.	Corte seco	0:56

TEMPO TOTAL: 56:55

Todos os exemplos musicais são de autoria de Livio Tragtenberg, editados por Demolições Musicais Edições Musicais.

As músicas dos exemplos 3, 5, 6, 10, 13, 14, 15, 16, 17, 18, 19, 21, 27 fazem parte do CD *Anjos Negros*, Demolições Musicais Edições, DMM 101, 1995. As músicas dos exemplos 28 e 33 fazem parte do LP *Bhurma*, FIF 40.026, 1988.

A música do exemplo 31 faz parte do CD *É a Noite It's a Night das ist die Nacht – Othello*, Demolições Musicais Edições, DMM 102, 1995.

Os exemplos 30 e 36 fazem parte do CD *Pasolini Suite / Hansel und Gretel Suite*, Demolições Musicais Edições, DMM 104, 1997.

A música do exemplo 4 é um excerto da cantata-cênica "Máscaras para Pound" de 1985 para solistas vocais e orquestra de câmara. A gravação foi gentilmente cedida pela Rádio Cultura FM – Fundação Padre Anchieta, São Paulo.

Os exemplos 40, 41 e 42 fazem parte da trilha sonora do filme *Bocage – O Triunfo do Amor*, dirigido por Djalma Batista Limongi. Produção Cinema do Século XXI, São Paulo, 1997.

Para ouvir a *playlist* com os exemplos musicais do livro, acesse a página da editora no Youtube em:

https://www.youtube.com/
@EditoraPerspectivatv/
featured

e procure em "Playlists criadas" pelo nome do livro.

Ou escaneie o QR-code abaixo

COLEÇÃO SIGNOS MÚSICA

Para Compreender as Músicas de Hoje	H. Barraud	[SM01]
Beethoven: Proprietário de um Cérebro	Willy Corrêa de Oliveira	[SM02]
Schoenberg	René Leibowitz	[SM03]
Apontamentos de Aprendiz	Pierre Boulez	[SM04]
Música de Invenção	Augusto de Campos	[SM05]
Música de Cena	Livio Tragtenberg	[SM06]
A Música Clássica da Índia	Alberto Marsicano	[SM07]
Shostakóvitch: Vida, Música, Tempo	Lauro Machado Coelho	[SM08]
O Pensamento Musical de Nietzsche	Fernando de Moraes Barros	[SM09]
Walter Smetak: O Alquimista dos Sons	Marco Scarassatti	[SM10]
Música e Mediação Tecnológica	Fernando Iazzetta	[SM11]
Música Grega	Théodor Reinach	[SM12]
Estética da Sonoridade	Didier Guigue	[SM13]
O Ofício do Compositor Hoje	Livio Tragtenberg (org.)	[SM14]
Música, o Cinema do Som	Gilberto Mendes	[SM15]
A Música de Invenção 2	Augusto de Campos	[SM16]
Pensando as Músicas no Século XXI	João Marcos Coelho	[SM17]
A Música e o Inefável	Vladimir Jankelevitch	[SM18]

Este livro foi impresso
em Cotia, nas oficinas
da Meta Brasil, para
a Editora Perspectiva.